好妈妈平心静气术

[俄罗斯] 安娜·贝科娃 著
马琳 译

北方联合出版传媒(集团)股份有限公司
万卷出版有限责任公司

果麦文化 出品

前　　言
妈妈爆发的情绪背后，隐含着一个需要被爱的自己

如果妈妈早上心情不好，那全家人的心情都不会好。现实生活就是这么残酷。只有心平气和的妈妈，才能用温柔的微笑包容家庭中大大小小的每个成员，包括宠物；才能坦然面对他们的任性、抱怨、恶作剧，还有一些有意无意干的坏事。有的小朋友因为不想去幼儿园而歇斯底里地哭闹，还有的小朋友上学马上就要迟到了，还在若有所思地发呆。如果妈妈无法忍受这些而崩溃的话，那么家里的每个人都会想逃离，哪怕是妈妈养的猫，即便它曾认为自己是最受宠的那一个。

平心静气，只有平心静气……

作为母亲，我们需要学会让自己回到内心平静的状态中。只有在内心平静的状态下，才能找到劝解、安慰和说服孩子的话语，巧妙地解决孩子们之间的冲突。心平气和的妈妈犹如一个足够大的容器，在赢得孩子信任的同时，还能容纳下他们释放出的情绪和压力。

应该保持"心平气和"的状态，这个道理大家都懂，但仅仅了解、知道这个道理是远远不够的。妈妈们在面对这些情况时还是会感到很内疚："唉，又没忍住！又发脾气了！又大吼大叫了！

又打了孩子一下!"她们也希望自己能够成为一个友善、亲切、有耐心、有爱心、能包容的人,但她们没有足够的条件——时间紧张,精力不够,也没有人能帮忙。

"让我变得更心平气和一些吧!"这是来自妈妈们最常见的诉求之一。

"我曾以为,我永远不会像自己的妈妈那样大声喊叫。我至今还记得,她咆哮时,我有多么害怕。然而,我却发现自己也不可避免地发出愤怒的喊声,这太可怕了,我感到异常慌张。我看到了孩子眼中的恐惧,但我却无法控制自己的情绪。"

"说实话,我感到很羞愧。我很爱我的孩子,但有时我也很愤怒,不仅会大声训斥他,还会抓住他使劲摇晃,甚至可能动手打他,打屁股,拍后脑勺儿。我害怕自己的行为，害怕伤害到孩子，我需要解决这个问题。"

"事后，我对自己说，孩子并没有做什么出格的事情啊。我本可以平静地面对，但一切已经发生了，我又失控了，我感到非常羞愧。当然，我会向女儿道歉，会告诉她：'妈妈爱你！我对自己的行为感到后悔，以后不会再这样了！'但我自己都无法相信这个承诺。"

"最让我害怕的是，孩子们似乎不再理会我的尖叫声了。很显然，因为我发怒的频率太高了，以致他们已经习以为常、无动于衷。他们完全不理睬我！我的声音对他们而言，就像有人把收音机的声音调大了而已。这太可怕了！"

这本书是讲述如何让人变得更加心平气和的，但并不是要教大家控制和压抑自己的情绪，也不是让大家仅仅学会在内心风暴肆虐时保持外表的平静，而是通过改变一些习惯、观点、态度和期待，让我们由内而外变得平和。当然，这个过程不可能像施魔法一般"瞬间完成"，我们需要持之以恒。在此过程中，有两个必备的因素：规律性和持续性。但幸运的是，进行这些练习不会占用太多时间（我明白，大家没有多余的时间，或者说压根儿就没时间），每天最多需要花费十五分钟。在连续三个星期里，每天只需付出十五分钟，我认为这是实现"心平气和"所付出的合理代价。仅仅阅读本书，而不进行练习，那最终的结果只能是："我知道，我明白，但什么都没有改变。"只有定期进行练习，才能改变自己的行为，才能对现实有新的认知。

为什么我认为这些练习对你有益呢？因为它们的有效性已经得到验证。验证结果来自几方：首先是找我进行私人咨询的客户；其次是参与过我组织的"心平气和的秘密"线上培训的很多学员；此外，我本人也验证过，因为我也是一位母亲，我对和孩子有关的一切事物都不会感到陌生。换句话说，面对孩子，我体验过的并不仅仅是爱和喜悦。我为大家提供的练习，自己也会实践。

在阅读本书时，需要做一些标记，如"我知道，并已应用""我知道，但没有应用""这是新内容"。为什么要做这些标记呢？为了增加学习动力。如果你发现大多数信息都在你个人的"我知道，但没有应用"的列表中，这可能会成为你进行练习的额外动力，因为"已经都知道了，接下来需要付诸实践"。

在我们进行练习之前，只需简单地问问自己："我现在感受到了什么？"

比如，我的感受是这样的：此时此刻，我的大脑高度紧张，因为我在思考如何遣词造句。长时间坐着让我感到不适，想站起来活动一下。我对自己的思维是否足够清晰感到焦虑。我很失望，因为我在电脑前花了很多时间，但只写了一点儿东西。隔壁房间的噪声让我感到很烦躁，因为孩子们正在吵闹（其中一个试图向另一个证明柔道比空手道更好），通常在这种情况下，狗也会跟着激动。我的小吉娃娃不停地在我和儿子们的房门之间跑来跑去，一边跑一边叫。我觉得，它要是会说话的话，可能在喊："糟了，糟了！他们在那里打起来了！你快去管一下吧！"我犹豫不决，是该管呢，还是选择视而不见呢？

每时每刻，我们都有一些不同的感受。接触自己的情绪、意识到它的存在，是掌控自己情绪的基本条件。如果你学会发现内心的烦恼正在积蓄，就有机会在烦恼变成破坏性的愤怒之前采取措施，以恢复内心的平静。

因此，我建议你每天不定时地、随意地问自己一个问题："我现在能感觉到什么？"可以在家中经常能看到的地方贴上彩色备忘贴，当你看到贴纸时，就让生活暂停一秒钟，问问自己："我现在感觉到了什么？"开启意识的闸门，告诉自己此时此刻的心情。这样就会形成一种崭新的、满怀关注和爱惜的态度，来对待自己的感受和情绪。

目　　录

前言 妈妈爆发的情绪背后，隐含着一个需要被爱的自己　　Ⅰ

第一章　妈妈和她的内心世界
与自我和谐相处

探究生气的真正原因	3
所有的情绪都是必要的	8
情绪管理公式	10
期望如何影响情绪	13
"执念"能改变吗	19
"完美的秩序"不重要	25
为什么不要做"完美的妈妈"	27
"一切问题源自童年"是真的吗	32
智慧处理孩子间的冲突	37

焦虑来自妈妈内心的恐惧　　　　　　　　　　　　　44

第二章　妈妈和孩子
与孩子和谐相处

妈妈是孩子的"情绪容器"　　　　　　　　　　　55
如何避免被负面情绪传染　　　　　　　　　　　58
如何防止孩子情绪失控　　　　　　　　　　　　62
如果情绪失控已经开始　　　　　　　　　　　　78
当孩子失败了　　　　　　　　　　　　　　　　86
当孩子面对比较　　　　　　　　　　　　　　　89
当孩子害怕了　　　　　　　　　　　　　　　　96
当孩子生病了　　　　　　　　　　　　　　　　104
当孩子紧张了　　　　　　　　　　　　　　　　110
不说话也能表达爱　　　　　　　　　　　　　　114
以孩子的速度生活　　　　　　　　　　　　　　117

第三章　妈妈和其他人
与世界和谐相处

通过其他人的眼睛看问题　　　　　　　　　　　125
理解不同立场和需求　　　　　　　　　　　　　133

批评	142
无冲突沟通的规则	148
你有权利说"不"	153
情绪椅子练习	158

第四章　别再被情绪左右
平心静气的心理练习

保持生活的平衡	169
计划一个假期	172
让家成为充满力量的地方	177
如何爱自己	182
把"应该"变成"想要"	188
看见积极的一面	194
源自未来的能量	199
源自当下的能量	203
源自过去的能量	206
平静练习的传承	211
幽默可以拯救我们	213
身体的放松练习	216

结语 改变需要时间　　　　　　　　　　221

第一章

妈妈和她的内心世界
与自我和谐相处

探究生气的真正原因

奶奶带来了一个玩具。一只非常逼真的、有蹄有角的小动物。

"这是公牛!"两岁的弟弟认了出来。

"这是水牛!"二年级的哥哥肯定地说。

"是公牛!"两岁的儿子坚持自己的立场。(谁说倔强是从三岁才开始的?)

"明明就是水牛!"(这种倔强直到八岁也不会结束啊!)

"公牛!公牛!"年幼的孩子一边大声喊叫,一边把这只有蹄有角的玩具扔向他的哥哥……

"水牛!"哥哥一边笑着一边躲闪。

"公……公……公牛!"小儿子歇斯底里地喊着,并把所有能找到的东西都朝着他哥哥丢去。

"水牛!"大儿子笑呵呵地挑衅道,随即躲到了浴室的门后……

在我身上存在着多重身份。虽然身份很多,但在类似的情况下,有三种身份会变得活跃起来:教育家、心理学家和妈妈。有时这三种身份的人会召开协商会议,有时只有一个人行动——那个第一个做出反应的人……

3

教育家想拿出带插图的百科全书，让两岁的孩子看看公牛和水牛的图片。将其与玩具进行比较，并引导他，让他意识到，这确实是水牛。

心理学家想拉着二年级小学生的手和他谈谈："你现在感觉如何？你从这种争执中得到了什么好处？你想证明自己是正确的，还是故意气你的弟弟呢？"与此同时，还要说服他同意弟弟的观点，至少在弟弟能说出"水牛"这个词之前。

而妈妈只想朝他们软乎乎的身体来一巴掌，因为他们制造了噪声……

但教育家及时抓住了她的手。而心理学家小声念叨："清醒一些！清醒一些！你要意识到自己动手打人的真正原因！"

打人的真正原因可能与这件事情完全无关。孩子通常只是一个借口——一个方便且安全，能用来释放重重烦恼的借口。孩子在准备穿衣服去幼儿园的时候，总是抠鼻子，脚怎么也穿不到靴子里，这会不会让你感到很生气呢？或许，你生气的真正原因是昨晚睡得太晚，没有休息好，起晚了，眼看着上班又要迟到，担心领导对你不满吧？他已经对计划未完成感到不满，重要客户又被竞争对手抢走……对上司大喊大叫是不可能的，你知道后果的……对重要客户大喊大叫吗？这更不可能。难道对昨天的自己大喊大叫，责怪自己没能早点儿睡觉？这很不现实。而孩子在这里，就在你身边，是真实存在的、毫无威胁的，因为他无法和你抗衡，而且还给了你充分的借口……

如果在这一刻意识到自己生气的真正原因，那么很明显，孩子与此事无关。他没有做任何让人烦恼的事情。他只是鼻孔里有脏东西而已。当你感到气愤时，对自己说："停！我生气的真正原因到底是什么呢？"

举个例子。早餐时，妈妈给孩子喂饭，然后给了他一块饼干，希望可以趁他吃饼干的时候，自己吃点儿东西。小朋友吃完了饼干，发现桌子上有碎渣。这些碎渣很好玩，可以用手指捏碎并抓拉到地上。于是妈妈拿起抹布清理碎渣，并把抹布放在桌子上（"等会儿吃完再收拾吧！"）。小朋友看到刚刚妈妈拿抹布擦来擦去很好玩。在他这个年龄，模仿成人是一件自然而然的事情，所以他迅速伸手去抓抹布，结果打翻了杯子里的酸奶。酸奶洒到了桌子上，溅到了桌子底下的地板上。妈妈发怒了："你在干什么?！就不能安静地坐着吗?！"

停！生气的真正原因到底是什么呢？

生气是因为渴望一切都井井有条，但是这个调皮捣蛋鬼的存在却让这一切都无法实现。

生气是因为明明想吃东西，却要违背内心的想法去抓起抹布。

生气还因为受到了来自家庭内部的批评，批评的声音来自婆婆、丈夫、母亲："你是个糟糕的主妇！总是把事情搞得乱七八糟！"

寻找原因就要学会"深入挖掘"。孩子打翻了杯子或者把汤洒在地上，这是引起烦恼的原因吗？不是。这只是一个中立的事实。我们自己选择如何对待这件事？有的人可以平静地收拾残局，有的人甚至可以对这种情况一笑置之。但如果妈妈需要整天不

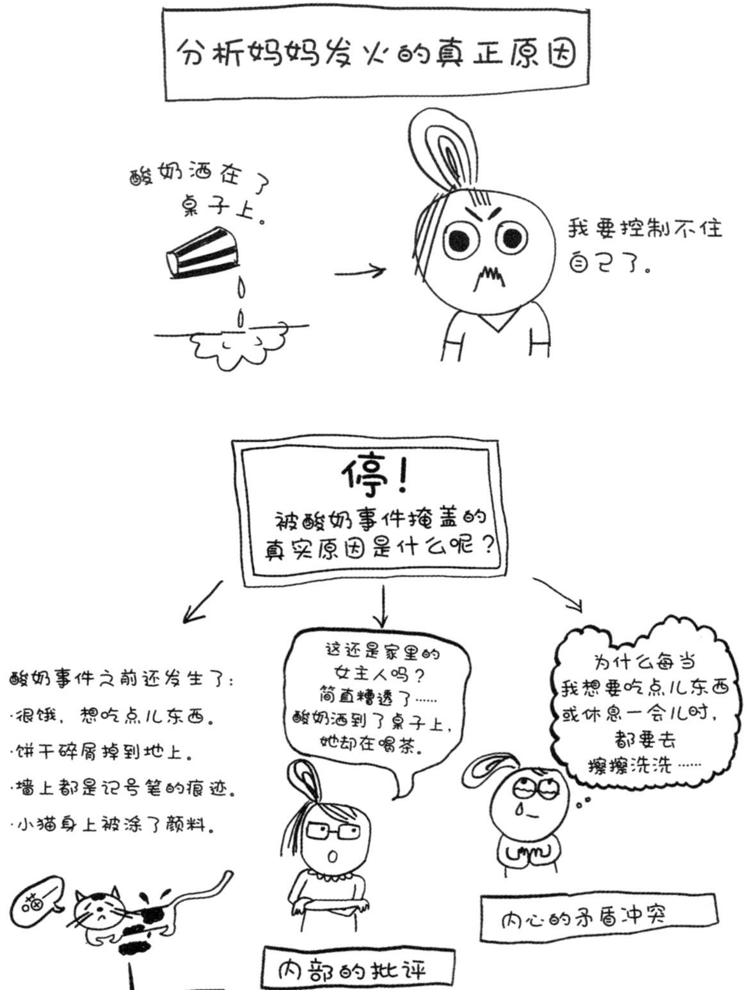

停地拿抹布四处清理——因为不断有东西洒溅出来，因为年幼的孩子总是打翻尿盆，而大些的孩子在玩耍时会撞翻花盆，弄脏地毯——那么，想要保持冷静会很困难。

因此，令人烦恼的真正原因不是被打翻的杯子，而是妈妈的疲惫。

生气的真正原因可能与这件事情完全无关。孩子通常只是一个借口。

关于如何处理引起烦恼的真正原因，我们将在本书中进一步探讨。而现在，重要的是学会发现发怒的原因和发怒的目标并不匹配。

当你冷静的时候，请尝试想象一下，如果你有压力，可以把它发泄到哪里。就像当你内心有一些潜在的压力时，你会有意地寻找释放这些压力的方法。（在练习的时候，你是有意识地这样做的。但在现实中，这通常是无意识发生的。）

例如，一个平静的妈妈，在一个平静的夜晚。老大坐在电脑前，老二在写作业，老三在地板上玩耍。妈妈开始胡思乱想，如果有火气，该对谁发泄呢？结果是每个人都遭殃。

妈妈对老大喊道："你就知道玩电脑！你今年还要参加考试！该重视学业了！"

对老二吼道："把你的背挺直！写什么呢？看看你的字，是什么鬼样子！像鸡爪子踩的一样！你日记呢，拿过来！"

对小不点儿嚷道："你又把你的积木到处乱放！一点儿秩序都没有！连走路的地方都没有了！永远都是乱七八糟的，真是受够了！"

虽然例子很夸张，但有的人确实总是能找到发脾气的借口。这也让我们明白，"原因"并不等于"借口"。（请在完成这个练习之后，控制一下你的想象力吧！）

所有的情绪都是必要的

情绪被分为"好的"和"坏的"，即积极的和消极的。有人认为，我们不需要消极情绪，如果只有积极情绪就太棒了。有时，人们来咨询时也会有这样的诉求："我不想生气。"但这是不现实的，甚至可以说，是危险的。我们需要所有的情绪。通过这个"指示器"，我们可以知晓：周围所发生的事情对我而言是好还是坏？如果是坏的，大脑就开始寻找方式来使其变好。这是自我保护的本能。

"厌恶"是好情绪还是坏情绪呢？腐烂的水果会惹人生厌，没人想吃烂果子。人们想找到其他的好水果。如果没有厌恶的情绪，我们就会吃下任何东西并引发中毒。"厌恶"是一种必要的情绪。

庞大的野兽会引起人的恐惧，让人有躲藏起来的欲望。恐高让我们远离危险的悬崖边缘。具有恐惧感是维护生命的一种条件。恐惧及其衍生出的惊恐、焦虑、担忧——都是必要的情绪。

愤怒是底线被侵犯时的自然反应。没有愤怒，就无法保护自己的财产、领地、尊严、舒适和原则。愤怒是一种必要的情绪。

愤怒之所以不好，不在于其存在，而在于其不当的表达方式。

悲伤帮助我们理解，什么是对我们有价值的东西。如果我们在被迫和心爱的人分离时，感受不到悲伤，我们怎么知道我们爱他们呢？

因此，任何情绪本身都是好东西，都是必要的。这本书的任务不是让你摆脱坏情绪，而是教你如何妥善处理它们，才能不伤害自己，同时也不伤害周围的人。

如果一位妈妈在愤怒的时候，推搡孩子，她就伤害了孩子。如果妈妈在内心充满愤怒的时候，依然保持冷静，那她伤害的就是自己。被压制的情绪仍然存在于身体中。当对外攻击转变为自我伤害，有可能经过一段时间之后，身心会出现问题。"管理情绪"并不等于"压抑情绪"。

情绪管理公式

1. 意识到情绪的存在。
2. 尝试通过改变思维方式来转变情绪。
3. 如果无法转变，则安全地表达情绪。

如何安全地表达愤怒？要说出来！

情绪需要释放和认可。我可以通过大声喊叫和做剧烈的动作来表达情绪，别人就会看到并意识到它。我也可以告诉别人："你

知道吗，我现在感到很恼火，因为……我甚至想随便抓起什么东西扔出去。"这也是对情绪的认可和表达。

通常，当我用语言表达情绪时，我就不再需要用非语言的方式来表达它了。比如，我说"我想扔东西了"，但同时我并不会真的抓住什么东西扔出去，这对我和周围的人来说是安全的。如果把情绪说出来，大多数情况下就不再需要用声音或手势来表达它了。语言的力量是巨大的，请坦诚地说出你的情绪吧！

"我说了，但他们还是继续啊！"培训班上，一位参与者绝望地抱怨，似乎在暗示我的方法行不通。说出自己的情绪，并不能百分百保证让所有人都倾听，并立即停止做那些让你讨厌的事情。但是把情绪表达出来是有意义的，因为在那一刻，你会感到很轻松。而且，如果有什么事情发生，你已经提前警告过了。

一个标准的杯子可以容纳二百毫升水，还可以稍微多装一点儿，让表面形成一个"小山丘"，水在表面张力的维持下不会从杯中溢出。但是，如果一滴非常小的水滴从很高的地方落下来，砸到这个"小山丘"上，那么溢出的水会远远超过那滴水自身的量，因为小水滴在撞击时会破坏表面张力。

我不太懂物理，可能解释得不是很科学，但我们经常和孩子们一起做这个实验，它非常能够说明问题。当有人因为一点儿小事而突然愤怒、爆发时，我就会用心理学中"最后一滴水"的现象来解释。如果能察觉到自己和亲人身上"表面张力"的存在，那就太好了，这样不需要等到"最后一滴水"出现，就可以提前让"杯中的"情绪缓缓流淌出来……所以，当我们说出自己的情绪，谈论自己的不适、紧张和烦躁时，就表明，我们离这个危险的边界已经很近了，一定要小心！下一句话可能就是"最后一滴水"。

请一定表达出自己的情绪！养成向亲人传达自己情绪的习惯。这也对孩子情商的发展多有裨益。通过你的示范，他们也将学会表达自己的情绪。

期望如何影响情绪

当一个婴儿出生时,他已经拥有情绪。这些是最基本的情绪,也是其他所有情绪发展的基础。

- 恐惧
- 愤怒
- 喜悦
- 悲伤
- 厌恶
- 好奇

这些情绪,我们都可以在婴儿身上观察到。他会因为突如其来的声音而受到惊吓,他会因为不喜欢戴帽子而表达不满,他会因为好奇而伸手去拿新玩具,他会因为生气而皱起眉头把西兰花泥吐出来,他会因为妈妈的到来而高兴,也会因为妈妈长时间不在而哭泣。

六种基本情绪对我们人类来说似乎不够,我们决定将其变得更加复杂一些。随着认知功能(思考、记忆、注意力)的发展,我们产生了**期望**。期望事情应该是怎样的。期望的同义词还有希望、推测、预测、期盼、预感、渴望。期望与基本情绪结合,又产生了新的情绪。

- 抱怨 —— 他人的行为不符合我们的期望。因为失去信任而感到悲伤。对现状感到不满。对冒犯者感到愤怒。
- 愧疚 —— 自身的行为不符合他人和自己的期望。"我自己从没想过会这样，我怎么能这样做呢？"对自己的行为感到不满。
- 羞愧 —— 自我形象与期望不符。对自己感到厌恶。
- 失望 —— 发生的事情与期望不符。对理想的破灭感到悲伤。对现状感到不满。
- 烦躁 —— 他人的行为不符合我们的期望。对他人感到不满。

当我们说一个孩子的行为让人生气时，这意味着他的行为不符合我们的期望，而让我们感到羞愧或伤心。我们责备孩子的同时，可能自己也陷入内疚之中，因为我们本来期待自身具备一定的教育技巧，能够与孩子进行良好的沟通，并将他的不良行为转变为良好的行为。

但是，重要的是，我们要明白，这些期望是我们自己设定的！可以想象一下，如果我们不去预设期望，那么在此基础上产生的委屈、责任、羞愧、失望和烦躁也会消散……我并不是在呼吁你彻底放弃"期望"这种情绪。我只是在谈论情绪产生的机制，这一切都是假设。但是，时常梳理、审视自己的期望，可以让生活更加平静，教育更加温和。这样一来，我们的烦恼会变得少一些，生活会更加宁静一些。

我认为，所有的父母都已经明白这个教育真理："没有坏孩子，只有坏行为。"我建议再引入一个心理学定理："没有坏情绪。"

"他的行为很糟糕。"这句话经常用来形容那些喜欢拳打脚踢、大声喊叫、扔东西、大声哭啼的孩子。他用这些行为向周围的人

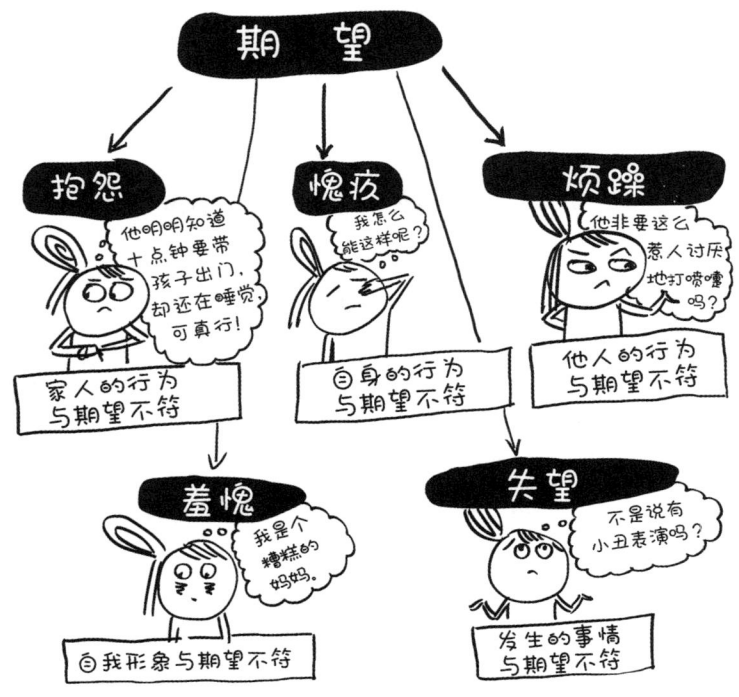

展示自己的愤怒、悲伤和绝望。成年人可能会觉得这些行为很糟糕，因为他们认为这是坏情绪。然而，如果我们意识到，这些并不是坏情绪，而是正常且合理存在的情绪，那么这些行为就不再被视为是糟糕的。孩子的行为变得合情合理，他们在表达愤怒，这是完全正常的。如果我们采取这种态度对待孩子，那么就可以很轻松地应对孩子的情绪。**我建议家长把"我的孩子会一直表现良好"这种期望转变成另一种信念："我的孩子有权利拥有任何情绪。"**

请思考一下，为了生活更加宁静，还有哪些期望是可以放弃的呢？以下的练习将会对你有所帮助。

请列出经常（非常频繁且非常强烈）让你感到烦恼、伤心和愤慨的事情。

结论是这样的：这个清单越长，就证明你对事物应该如何发展，以及与此相关的信念、个人准则和设定的期望就越大。是的，这个清单只包括那些与现实不符的期望。

为了过上更宁静的生活，从逻辑上讲应该努力缩短这个清单的长度。

举个例子，很早以前，我有一个特别执着的想法，就是吃饭一定要坐在桌子旁边。我不知道我的这项规矩是从哪里来的，但

是我一直严格遵守。直到有一次，我们在小组讨论时，探讨了各种令人烦恼的因素。（这是一个心理学系的学生小组在完成实践任务。）我说我很烦恼的一件事，就是总有人拿着食物离开餐桌去电视机前或电脑前吃。但是其他参与讨论的成员，总共有六个人，都不喜欢在餐桌前吃饭，他们喜欢在电视机前的沙发上或床边吃饭。如果有人不让他们这样做，他们就会感到很烦。我鼓起勇气，放弃了我的执念。然后……世界并没有改变，一切都没有变化。只是，我不再为此感到烦恼，也不需要浪费精力去反抗。只是偶尔家里会有某个人不想在餐桌前吃饭。甚至，连那些讨厌的"到处都是渣子"的情况也并没有频繁出现。

当我说可以改变规则，重新审视期望，放弃某种信念时，有些人对此持非常谨慎的态度，仿佛失去了脚下的土壤一般："怎么，难道就不需要任何规则啦？做什么都可以吗？"理论上可以取消所有规则，但我们不需要这样做。信念、制度和规则对我们来说都是约束，它们帮助我们塑造"本我"。但有时候，某种信念在新的现实生活中已经不合时宜。也就是说，这种信念阻碍了我们适应新的环境，我们需要消除或者重新表述那些不合时宜的表达方式。

一个世代为医的家庭，家中的儿子却宣称要成为一名程序员。可以想象一下，这位医生父亲所面临的压力。我认为，我们应该改变这种"儿子必须继承家族传统"的信念，转而接受"儿子可以成为他自己想成为的人"的观念，否则这可能给儿子带来压力并引发家庭冲突。

可以想象一下，一个被丈夫抛弃的妻子所面临的压力。就在不久前，她还坚信，不完整的家庭是"不幸福"的，一个好女人的丈夫是不会离开她的，这种情况永远不会发生在她身上。但现在如果她仍然固执己见，那于她的生活而言，显然没有任何好处。在新的生活环境中，她会看到一些幸福的例子，甚至是来自不完整的家庭的，这些都会支撑着她形成新的信念："即便失去婚姻，也可以是幸福的；即便是不完整的家庭，也可以培养出好孩子。"

有一些个人诉求与现实生活相符。例如，一个女人坚信，应该在三十岁之前至少生育两个孩子。她现在二十八岁，已经有了两个孩子——愿望实现了，就没有必要放弃这个念头。

有些个人诉求与现实生活并不完全相符。我们还是用上面提到的想生育两个孩子的诉求举例，但这位女性目前只有一个孩子。她有些紧张，担心自己可能来不及在"正常"年龄生育。她努力尝试怀孕。在努力的同时，她也不需要改变想法。

有些个人期待与现实生活相悖。还是拿上述生育过一个孩子的这位女性举例。根据医学诊断，她无法再生育，之前想要两个孩子的想法已经不可能实现了，因此必须打消这个念头，否则这种事与愿违的状况会让她的情绪持续低迷，会让她有一种挫败感。也许该转变想法了："家里有一个孩子就足够了。"或者，也可以转变为："不需要生第二个孩子，领养一个孩子也可以啊。"重要的是，新的想法要与现实生活相匹配。

在寻找例子来支持自己的想法时，应选择那些有助于促成新想法的例子，而不是支持旧观点的例子。如果这位女性从自己的潜意识中选择那些有两个孩子的熟人作为例子，她将无法摆脱旧的观点。在这种情况下，她应该去关注那些有一个孩子或有领养孩子的幸福家庭。

"执念"能改变吗

有一位女性，她叫娜塔莎。娜塔莎有一个执念，即孩子的成绩一定要是"优秀"。这个执念从何而来呢？娜塔莎本人在学校时成绩优异，娜塔莎的妈妈也是优等生，娜塔莎的姐姐、朋友，还有朋友的孩子也都学习很好。要是没有孩子的话，这个想法可能不会有问题。但娜塔莎的孩子却不是优等生，不知道是他不想还是不能，或者还有其他原因，总之，她的儿子距离优等生还差一点儿。但这个"差一点儿"让娜塔莎备受煎熬，每天她都焦虑地等待孩子放学回家，孩子可能拿回来的是"四分"甚至"三分"[1]的成绩。这会让娜塔莎情绪失控，她大声斥责孩子，然后给老师打电话，询问该如何提高孩子的成绩。她不得不坐下来陪孩子一起做作业，但孩子很懒散，学习态度不认真，总是因为贪玩而分心，这令娜塔莎更加恼火。娜塔莎感到绝望和无力，她训斥的声音越大，孩子就越害怕，他无法理解妈妈到底想要干什么。而娜

---

[1] 译者注：俄罗斯的考试评分系统是五分制，五分为优秀，四分为良好，三分为及格。

塔莎看到孩子拖拖拉拉和玩世不恭的样子时会更加愤怒。孩子大哭起来，写作业写到深夜。而娜塔莎的丈夫——孩子的父亲，每天下班回家后，都会在妻子和孩子的叫喊声中独自吃晚饭。母子两人正在努力完成一所优质学校的二年级课程，而丈夫被排除在这个"神圣"的过程之外："你根本不了解课程内容！"（因为丈夫也不是优等生。）丈夫回家越来越晚，并且会说："我不想吃晚饭了。"后来干脆不回家住了，他要等家能够安静下来的时候，才会回来……你知道娜塔莎去找心理咨询师时提了什么要求吗？她想知道如何让孩子自己学习并取得优秀的成绩。因为这样一来，家里就没有争吵了，丈夫也会回来。即使要面临离婚的危险，她也不会立刻放弃"孩子就应该是优等生"这个执念。

如何帮助自己放弃那些虽然重要但并不切实际的想法呢？那就是找到足够的反面论据。可以参考以下几方面：

- 亲人的建议
- 熟人的例子
- 名人事迹
- 重新审视过去
- 立足未来
- 数据统计

我们一起尝试一下，帮助娜塔莎好吗？

亲人的建议。这里主要是指丈夫的意见。"你不要这么管孩子了。虽然我在学校时成绩不好，总是勉强及格，但我也长大成人了，也能养家糊口。"

朋友的例子。多想想那些在学校并不是优等生，但依然过得很好的成功的朋友。

名人事迹。多看看那些在学校时成绩不好，但后来成为名人的人的传记。

重新审视过去。可以这样思考："是的，我在学校时是优等生。但那只是一所普通的学校，并不是重点学校。也许，换作现在的我，我也无法在重点学校取得优异的成绩。"或者回忆自己上学时的心情："如果我处在我儿子现在的位置，我会做何感受？当妈妈因为三分而对我大喊大叫时，这多么可怕啊！好像成绩比我更重要一样。"

立足未来。"三十几年后，于我而言，孩子在二年级取得的数学成绩有多重要呢？什么才是真正重要的呢？对我来说，重要的是我和儿子之间有着融洽的关系，重要的是能否有机会和孙子一起玩耍。我还希望能够和丈夫一起去看望儿子。""如果孩子的成绩单上被打了三分，这一切是可以实现的吗？""是的，当然可以。""如果每天争吵不止，这一切还能实现吗？""很可能实现不了。"

数据统计。班级里有多少优秀生呢？并不多。"大多数孩子在班级里的学习情况和我儿子差不多。"

于是新的想法形成了："孩子不一定要成为优等生，家庭关系比成绩更重要。"

但这并不意味着娜塔莎不再重视孩子的学习，或者不再伴读，而是意味着她不再为成绩而紧张、焦虑和大喊大叫。

找到内心中那个让你心情低落、情绪波动的根源，根据提供

的建议，找到足够的反论，写下新的愿望。如果你很难确定，自己的心愿是不是现实的，请查看你在完成上一个任务时希望达成的愿望清单。如果你经常性地、非常频繁地、非常强烈地被内心的某个想法困扰，那么这个想法一定是与你的现实情况不匹配的。

再举一个例子，一位培训的参与者说不出来自己有什么愿望，但她分享了时常，准确来说，是每个早晨都让她非常烦恼的事情：

"我感到很不自由。我总是不得不做一些事情。每天早上都要给孩子们煮粥。我讨厌粥！我不喜欢煮，也不喜欢吃！让我恼火的是，孩子们居然也不愿意吃我做的粥。我也不想吃，但我又必须吃！又哄又劝，费了九牛二虎之力，才让他们吃下一半的粥！"

（注：这位女士的孩子，一个五岁、一个七岁，相对而言，已经比较大了，这让我很怀疑，有必要每天都做粥吗？）

我们图什么呢？
○ 妈妈做饭不开心。
○ 妈妈吃饭也不开心。
○ 孩子们吃得不开心。
○ 孩子们不想吃饭，妈妈也不开心。

那么，如果没有人从中获得乐趣，到底谁需要这碗粥呢？但是妈妈有一个执念，早餐必须有粥。为了这个执念，从早上起家里就充满负面情绪。我不怀疑谷物的好处和食用的必要性，但为什么必须选择粥呢？

为了解决这个执念的问题，我们在小组讨论时，聊起了其他国家的饮食传统，这些传统中并没有我们习以为常的粥（众所周知的事实）。我们还回忆起在土耳其或埃及度假时，"一价全包"服务中也不包括我们习惯的早餐粥，但这并没有对我们的健康产生任何影响。再往前回忆，那就是孩子出生前，我不记得那时我曾做过粥。再往前,是我自己的童年:父母强迫我喝粥,我梦想长大后永远不再喝粥。随后,我们又开始想,还有哪些谷物食品,比如牛奶麦片、鸡蛋馅饼、肉丁炒饭或青菜蘑菇饭、米汤、谷物麦片酸奶、胡萝卜肉饼。如果时间不是很富裕,面包配奶酪或果酱也是合适的选择。(以上都是身边人的例子。)

换句话说,我们可以从烹饪中获得乐趣,从食物中得到满足,从亲人的反应中获得快乐。有一杯大米,我们可以用来愉快地烹饪,也可以毫无乐趣地去做。我认为选择愉快地烹饪是合乎逻辑的。

最后,我们决定进行投票。(数据统计)我提议,让那些每天早晨都坚持煮粥的女性举手。有几位学员举起了手,一边举手一边说:"我的孩子们很喜欢喝粥,我自己也喜欢喝粥。"而此时,我们的女主人公似乎顿悟出一个道理,当然是和粥有关的,也和"好妈妈"这一称呼紧密相关:"好妈妈早饭的时候总是煮粥。"为了成为一个"好妈妈",她煮了粥,也强迫孩子们吃了粥。正如她自己所说:"我又哄又劝,有时还会简单粗暴地动手。"

好妈妈就应该是这样子的吗?

最终,她悟出了一个新的道理:"好妈妈应该努力给孩子们提供美味又健康的食物。"但美味和健康的食物并不一定是粥。

"完美的秩序"不重要

希望家里总是井井有条,这是非常普遍的想法。在此,我也举个培训中遇到的例子。

当我们讨论到有关"期待"的问题时,有一位女士抱怨说,她感到压抑,因为家里总是乱七八糟。无论是儿子,还是丈夫,总是乱放东西。刚归位好,又得重新整理。所以她总是在收拾,因为"万一有客人,家里乱成一团",成何体统啊。

我向参与讨论的同学提了一个问题:"谁的家里总是井井有条呢?请举手。"二十位女士,没有一位举手。还有人在解释:"因为收拾得很匆忙,所以有一些就堆在沙发上了。"瞧,这就是统计数据。

第二个问题:"现如今,通信工具如此发达,你们中间谁会突然拜访别人而不提前打电话呢?"同样没有人举手。这就是反驳"万一有客人"的有力论据。

我又提出了第三个问题:"对你们来说,朋友家是否整洁重要吗？"不，这在很大程度上并不重要。尽管很多人都习惯张口就说"我总觉得别人家比我家干净"，但这更多的是主观感受。

还有个人说道："我有一个朋友，是我的亲戚，她家里永远都是干干净净的。但我不喜欢去她家做客。坐在她家沙发上让人感到非常拘谨——害怕弄脏靠垫。而且她会当着我的面，用抹布擦拭被孩子的手指印弄脏的家具。她已经退休了，一直都是一个人生活，现在她唯一的生活目标就是让家里永远都保持干净整洁的状态。"

大家都松了一口气："还好，我们除了打扫卫生之外，还有其他事情要做。"

还有个学员分享了一段自身经历，正是在这件事之后她放下了对"清理"的狂热执念：

"我们医院曾为一位多年从事保洁工作的女员工举办从业周年纪念会。我们非常敬重她，因为她是一个非常干净利落的人，家里也总是干干净净的。然而，在庆祝仪式结束后，大家开始闲聊时，这位纪念会的女主人公悲伤地说：'我的整个生活就是两块抹布：一块在工作中，另一块在家里。'"

生活远比干净和有序更重要。

这是否意味着，这位女性放弃了"家中一切都应该整洁有序"的想法，不再打扫了呢？不，她不会做得比原来少，但她不会再为杂乱而烦恼。

为什么不要做"完美的妈妈"

社交网络有助于推广超级妈妈的形象。而超级妈妈的形象，反过来又触动了普通妈妈的神经。因为当普通妈妈在浏览社交媒体时，会不由自主地将自己与那些超级妈妈——那些无所不能的，既擅长烹饪，又能悉心照顾孩子，还能策划与丈夫一起旅行，把家里也打理得井然有序，同时还有创造性的爱好、健美的身材和高薪工作的妈妈——进行比较。这就引发了一种令人不快的自卑感。

超级妈妈其实是我们想象的一个集合形象。假设有一个普普通通的妈妈，她坐巴士把孩子送去了幼儿园，然后去上班。路上她翻看各种社交媒体，看到了一张图片，上面是一个妈妈在健身，于是她的脑海中就会想："哦，这个妈妈还能做健身运动。"然后她又看到一张配字的图片："昨天织完了我丈夫最喜欢的毛衣。"此时，她的脑海中又会想："哦，这个妈妈还会织毛衣。"然后她又看到一张图片："昨天和宝贝一起画素描。"她很困惑："啊，她还有时间和孩子一起画画！"随后，她又看到了一张授予证书的照片："啊，其他妈妈还能兼顾自我提升。"公交车堵在了路上，她又有时间多看几十张照片（来自不同妈妈的照片）。结果发现其他妈妈，有人会做蛋糕，有人在学意大利语，有人参加慈善活动，有人喜欢阅读书籍（都是有精神启发的书籍），有人经常参加声乐和游泳课程，还有人参观当代艺术展览。请自行继续罗列！

这一切在她的感知中融合成了一位超级妈妈的形象。但实际上，这是数十位不同的妈妈。其中一位在五年来首次烘焙了蛋糕，所以决定记录下来。（说实话，如果你每周七天都在煮粥，你会想拍照吗？）另一位终于织完了她在三个孩子出生前就开始织的毛衣。第三位之所以能够抽时间锻炼，是因为她本身就是健身教练，她只是在工作场所拍了一张照片而已，就这么简单。

在浏览完社交媒体之后，我的脑海里也会产生一个超级妈妈的虚幻形象……但我不会让它发展成一种自卑情绪，我会及时提醒自己回归现实："都是表面现象而已！"在真实世界里，我没见到过这么全能的妈妈。在现实中，事业有成的妈妈通常都有保姆或其他帮手。那些积极从事创作的人通常没有时间整理房间。那些每天画画、散步、阅读、做手工的人也不是在写字楼里办公的。

你知道超级妈妈的形象从何而来吗？是因为我们将看到的现象普遍化了，将一次偶然的事件扩大到"永远"和"一直"。有的人整个冬天只去滑了一次雪，但这个"重要"事件被晒在社交媒体上。你看到了，开始遐想："唉，大家都能去滑雪……"但这实际上并不完全符合事实。如果有人发布了一组照片，这并不意味着他在现实生活中也是照片里呈现出来的样子。

我曾经看到过一张有趣的漫画，画的是长颈鹿和某种类似长颈鹿的动物。图片下面写着："既然我们已经决定在一起，就该坦诚相待，我必须告诉你一件事，我不是长颈鹿，我是五十八只穿着斗篷的鼬鼠。"将超级妈妈的综合形象分解成五十八只鼬鼠，这是一个不错的想法。

类似的还有超级孩子的形象——从三岁就开始阅读，学习空手道、绘画、音乐和诗歌创作，他自理能力很强，独自吃饭、整理衣服，还不玩电子产品。请把这个形象也分解成五十八只鼬鼠吧！

我们首先构想出一个完美孩子的形象，然后失望地发现，现实中自己的孩子与之相差甚远。我们陷入了深深的自责中——对外人而言，如果我的孩子与理想中的相去甚远，那么我就是个糟糕的妈妈，对吗？当这种负面情绪积累得过多时，我们将很难承受，会想要把这种"愧疚感"转嫁给他人：可以把它转嫁给丈夫——都是他的错，他不关心孩子，不好好支持妻子；还可以把它转嫁给奶奶——看看别人家的奶奶，带孩子上各种辅导班；还可以把它转嫁给孩子——都是他自己懒惰，能力又差。你现在明白整个过程了吗?

如果我们不培养自己所谓的"愧疚感",孩子们会更愉快一些。因此,请不要过分追求完美。

我和同事们突发奇想地想出了一个词叫"不完美的妈妈"。这件事发生在九月的一次研讨会上,当时恰好是新学期的第一周。因为很多人家中都有学龄的孩子,我们就聊起了关于自己是否足够好、是否感到愧疚的问题。我们谈论了对"做不到"的恐惧,从而产生了"做不好"的感觉。

事实证明,即使我们经过多年的家庭生活实践,每个人还是会偶尔感到,自己不是一个好妈妈。当然,作为专业人士,我们早就知道"足够好的母亲"这个术语。理论上,我们可以认为,追求完美是一种自恋性的个性扭曲,我们知道如何处理愧疚和焦虑的情绪,但是"做不好"的感觉仍然会让我们情绪不稳定。这就是为什么有一个能及时说出"别担心,你是个好妈妈"的人是

很重要的，或者至少有个人说"算了吧，我也一样"，然后你们可以一起开心地笑一笑。

"足够好的母亲"这个术语是儿童精神分析师唐纳德·温尼科特在 1965 年提出的。自那时起，这个概念就成了一剂解药，可以化解那些执意追求成为"完美母亲"而做出的一切不现实的努力。"足够好的母亲"尽其所能做到最好，努力做对，同时明白自己也可能会犯错误。"足够好的母亲"可以坦然接受自己普通的孩子，而"完美母亲"需要一个完美的孩子来证实自己的完美性。在"完美母亲"的期待中，孩子能轻松吗？这里需要解释一下，追求完美并不是出于对孩子的关心，更多是源自母亲童年时的创伤。每个人都有自己的优、缺点，都有自己不能述说的一面。但如果妈妈不能接受自己的缺点，不愿意面对自身的短板，那么孩子就会承担这种不足。在"完美妈妈"身边，很难有自我良好的感觉。让孩子更加完美的这种想法，是对孩子最大的隐形伤害。

试着接受自己的不完美吧！如果你经常在社交网络上发布一些有助于塑造超级妈妈形象的照片，展示你生活中光鲜的一面，也请展示一下普通的一面吧。勇敢地做自己！没有美甲，没有化妆，没有打理房间，一张普普通通的家庭合影——不是专业的拍摄，没有布景，没有修饰，纯自然的。身上的衣服也不是"亲子装"，而是"随便找一件干净的衣服"。

"一切问题源自童年"是真的吗

放轻松！反正你也无法成为完美的母亲，因为完美是不可实现的。无论你花多少时间在孩子的早期培养上，总会有其他孩子比你的孩子跑得更快、说话更流利、更早开始阅读。尽管你们认真锻炼、补充维生素、食用天然食品，但孩子总有一天还是会打喷嚏和咳嗽……

不，这并不意味着你应该停止早期培养。只需要放弃追逐，坦然接受因期望与现实不符而带来的失落。"完美母亲"在"失败"时，可能迅速跌入自责的深渊："是我的错，我疏忽了。我没有对此给予足够的重视。"

放轻松！每个人在童年时期都会经历一些不愉快的事情。

比如："我买了一个洋娃娃，但因为另一个女孩子过生日，就送给她了，但我真的很喜欢这个娃娃，父母答应我第二天会再买一个一模一样的，但到了第二天，这个娃娃已售空，而且也没有再进货。现在我总觉得，我缺少某些东西。"这样无伤大雅的小事都会成为一种创伤。

每个人都经历过挫折——没有这个经历就无法成长。如果一个人没有意识到自己有童年创伤，很可能是他们已经很好地遗忘了这些创伤（这是一种心理防御机制——清除）。每个人都有一些童年创伤，问题在于他们如何应对，如果还没有应对好，心理治疗可以提供帮助。

放松一些！没有儿时的创伤就没有成长。无论你多么努力，孩子长大后总能找到理由对你的教育表达不满。每一个来咨询我的客户，都会说出这句魔幻般的话："所有问题都源自童年。"然后解释道："因为在我小时候，我的父母……"

"我的完美主义妨碍了我的生活。之所以有这种完美主义精神，是因为我的父母非常严厉，他们只期待我取得最好的结果。"

"你妹妹也追求完美吗？"

"不，完全不。"

"父母对她没有那么严厉吗？"

"没有吧，不知道……"

"我的完美主义也阻碍了我的生活。我的父母非常温和，非常善良，非常爱我。他们是很棒的父母。我非常希望成为他们最好的女儿。我一直害怕让妈妈失望，所以努力变得比所有人都好。这就是我的完美主义形成的原因。"

* * *

"我的父母经常吵架，所以我现在无法建立正常的关系。这是我孤独的原因。"

"我的父母从来不吵架，从来没有。现在我正在寻找与他们一样完美的关系，但找不到。这就是我单身的原因。"

* * *

"我的父母让我随便吃，他们好像只关心我吃什么。所以现在我变得这么胖。"

"我觉得，我的父母根本不关心我吃什么。我放学回家后自己煮米饭、煎蛋或者做三明治。但是我多么希望冰箱里有丰富的午餐等着我。现如今，食物对我来说变得非常重要，我一看到食物就想吃。所以我变得这么胖。"

> 我的父母方方面面都做得很差劲……在我的整个童年，他们就只负责把我喂饱。瞧，我已经习惯了。

> 我的父母呢……完全不让我吃甜食。我现在吃甜食就是为了抗议。

* * *

"我想要的一切都是凭自己的努力得到的，父母没有给我任何支持。我经常听到他们说：'自己解决，你要学会独立，你可以的。'我习惯了自己解决问题。所以,我不知道该怎样去寻求帮助。我和父母之间的关系很冷淡。"

"我拥有我想要的一切。只要我想要什么,父母就会立刻满足我。我不需要努力奋斗,不需要有所追求,也不需要克服什么困难。为了迅速成长,为了能够获得独立解决问题、克服困难的能力,我只能暂时和他们断绝关系。"

* * *

"他们把我送去了幼儿园,我不喜欢去那里。我认为,我在人际交往中出现的问题都源于此。当时,我不喜欢交际,但他们逼着我与这个幼儿园的一些陌生孩子交流。现在我就很害怕社交。"

"我没有被送去幼儿园。上学前我都和妈妈待在家里,因此我没有学会怎么与人交流。七岁的我已经很难适应在一个大集体中和别的孩子交流,我应该早一些获得这种经验,应该被送到幼儿园去。我没有学会怎么在集体中自在地生活,现在我就很害怕社交。"

* * *

"他们逼着我学习,他们只看重成绩。直到我把红色的毕业证书[1]拿

---

1 译者注:红色毕业证书在俄罗斯表示为优秀毕业生。

给他们看，他们才不再管着我读书。我对这种压力感到厌倦，以致现在我无法在大公司工作，无法在任何有压力的地方工作。我一想起我傲慢的母亲，就不寒而栗。"

"我无法原谅我的母亲，因为她没有督促我学习，没有坚持让我继续接受教育。我身体好的时候，还能找到工作。但现在，我刚做了手术，只能从事轻体力劳动。可是，没有文凭，我去哪里能找到轻体力劳动的工作呢？现在学习已经来不及了，我已经四十岁了。当时我还小，不懂事，一心想要挣钱，想独立生活，但我的父母是过来人，他们本可以坚持让我继续读书的。"

无论一个成年人在生活中发生了什么不愉快的事，他总可以找到理由："这都是因为我的父母。"在感恩父母的同时，总会有些许责备也是留给父母的……不满永远都会存在。既然如此，放弃对完美的要求就变得更有意义了。学会放弃可以减轻压力，使你成为一个更加温柔的、平和的母亲。

可以想象一下钟摆的运动。如果将其强行推向一侧，它将会迅速地向另一侧摇摆。这就像从完美到一无是处的转变。用文字表达就是："如果我不是完美的母亲，那就意味着我是糟糕透顶的母亲。"（类似的钟摆运动也发生在那些非常严格地管理饮食的人身上。付出的努力越多，限制越多，那么陷入另一个极端——暴饮暴食的风险就越高，因为"我是没有意志力的、糟糕的，没有什么能帮到我"。）

当钟摆停在"足够好的妈妈"这个区域时，它就停止了从完美到一无是处的摆动，保持了平衡状态。

试着想象一下，孩子长大以后会指责你什么呢？任何指责都会成为一种荒谬的行为。现在请设想一下，如果你从根本上重新审视了自己的教育原则，做出了完全相反的事情，那么你将陷入另一个极端，并同样受到孩子的埋怨。孩子在长大后会怎样埋怨你呢？

一种极端是，他会说："你总是禁止我吃我想吃的东西！我想喝汽水、吃薯片，而你却只让我吃蔬菜！我从小就有一种不配享受欢乐的感觉！"

另一种极端是，他会说："你本可以更关注我的饮食！怎么能让孩子只喝汽水、吃薯片呢！你应该坚持让我吃蔬菜，直到我喜欢上它们为止！"

智慧处理孩子间的冲突

"安娜，咱们一起组织一个市级研讨会吧！你准备演讲的主题是什么呢？"

"好啊，我们可以谈谈儿童情商的发展，以及关于他们基本的情绪问题。"

"我觉得，人们对此可能不感兴趣。最好有类似于'如何迅速制止儿童发脾气'以及'如何彻底平息儿童之间的争吵'这样的主题。"

从宣传的角度来看，这可能是非常适合的标题。它直接触及受众的痛点，同时也点出了其迫切的愿望。当我开始思考演讲的内容时，脑海中涌现出一个接一个的想法，这是属于现实主义心理学家的黑色幽默——想制止孩子发脾气，数一的时候撕下胶带，数二的时候用胶带封住他的嘴巴。没机会出声，就可以制止情绪的爆发——管理任何形式的情绪，只需要数两个数。（注意，我重申一下：这只是一种黑色幽默，并不是行动指南。）

如何彻底解决儿童争吵的问题呢？将一个孩子送到奶奶那里，然后再换回来。严格按计划进行，不给孩子们见面和争吵的机会。如果孩子超过两个，奶奶和姥姥不够用了，那就可以借助于机构。

你说这不现实？是的，我也认为这是不可能的。**一次性彻底解决儿童间的吵闹问题是不可能的。唯一能做的就是努力减少吵闹的次数，努力将吵闹转化为其他形式**。争吵的新形式是，他们不再故意损坏对方的小汽车，而是开始通过对话来解决问题，根据他们从成年人那里学到的道德原则和规则，来判断谁对谁错。

如果你注意到，孩子间的吵闹已经转化到另一个层面，由动手变成了动口，口头争论也不再是互相谩骂，而更像是建设性的辩论，那么请为自己鼓掌。你自己也明白，这种变化不可能一蹴而就，而是经过长期的、有目标导向的努力才会发生的过程。

两个孩子在一起，就会不可避免地争夺各种资源。他们抢电视（看什么频道）、抢平板电脑（该谁玩）、抢最后一颗糖果（"你吃得比我多！"），甚至是最后一张小饼（"别吃得这么快！一会儿我的就没了！"）。

即使增加资源的数量，奶奶说会再做一些（"不要吵了！我还会再做的！"），也不能改变这种情况，因为资源本身的价值并没有那么重要，重要的是竞争的过程。他们还能在哪里学习竞争呢？因此，即便桌子旁有多余的座位，我儿子萨沙和他的堂兄也一定会争夺同一把椅子。

"这是我的位置！"

"不，是我的！我昨天就坐在这里！"

"我上次来的时候也坐在这里！"

"和你比，我来的次数更多，并且更经常坐在这里！"

"你还没出生的时候，我就坐在这里了！"

"你还没出生的时候，我妈妈就坐在这里了！"

"在你爸爸还没认识你妈妈之前，所有人都不知道她的时候，我妈妈就已经在这里坐过了！"

单纯地假设一下，当所有资源都平均分配时，资源分配的问题似乎会消失：亲爱的孩子一号，这个是给你的；亲爱的孩子二号，这个是给你的。但实际上，如果给两姐妹完全相同的玩具，或发夹，或小包，或无论什么东西，其中一个孩子肯定会想要另一个的东西，因为"她的更好"，这是第一点；而第二点是，不可避免地会涉及一些唯一的且不可分割的资源。例如，"谁先开始游戏"，因为不可能同时开始游戏，总会有一个人先扔骰子。而此时，另一个人会对先投掷骰子的人生气，还会对那些说"下次你可以先开始"的人感到生气。

"我有一对双胞胎儿子。弟弟经常发脾气,哥哥总是会让步。例如,他们都想骑自行车,但只有一辆。我建议抽签决定谁先骑,但如果抽签结果是哥哥,弟弟就会发脾气:'不,我想先骑!'而哥哥在这种情况下会自愿让给弟弟:'妈妈,让他先骑,我可以一会儿再骑。'我应该怎么办?同意他们的决定,还是坚持遵循抽签结果呢?"

如果我们同意,孩子就会立刻安静下来。弟弟会先骑车,他会得出结论,发脾气可以帮助他得到自己想要的东西。哥哥学会等待,这是好事,但他还学会了,为那些更强硬、更傲慢的人放弃自己的利益,难道这也是好事吗?我认为,最好是让哥哥知道,弟弟也要学会接受挫折,接受生活并不总是如人所愿。我不知道还可以用什么方法传授给孩子这个经验,除了让他们自己去体验。

有一次,一个男孩子的父母来找我咨询,男孩子非常不适应学校的生活。他的不适应表现在,他在课堂上会突然情绪失控。确切地说,他会突然躺在地上,在书桌间的过道上号啕大哭。因为老师叫了另一个同学到黑板前，而没有叫他。"这是因为学校的压力太大吗？"我问他的父母，之前他在学校是否发生过什么事情。"他很少发脾气。"通过详细交谈，可以看出，这个孩子之所以"很少发脾气"，是因为他几乎没有遇到过自己的愿望无法实现的情况，大家都让着他、迁就他、顺着他，都尽力满足他的愿望。"只要他不哭就行"——这是全家的座右铭。

举个例子，可以更清楚地理解这个家庭的生活状态。一家人坐下来吃晚餐，只有白面包。但孩子说："我想吃黑面包！"于是，爸爸放下叉子，站起来，穿上衣服，去商店买黑面包……

当小孩子被拒绝，无法立即得到想要的东西时，他会感到沮丧。他可能会静静地泰然处之，也可能情绪激动地大发脾气，到底以哪种方式表达出来取决于他的性格。孩子经受挫折的能力是逐渐发展起来的，发脾气的次数也会越来越少。他可以接受面包只有白色的，黑面包下次再买。但如果孩子在三岁时没有体验过这种经历，如果孩子在上学年龄才第一次遭遇拒绝，那么可以预料，他会以"三岁孩子"的方式表达出来，因为他无法接受"下次叫你去黑板前"。"不发脾气"，也并不是件好事。

将孩子发出噪声和尖叫视作无法避免的现象吧，就像季节必然更替一样。春天总会飘满柳絮，秋天必然会变冷。

"妈妈，他拿走了我的牙！"浴室门被啪啪地敲响。我甚至还没来得及洗澡，就被喊了出来。

我已经习惯了听到孩子们抱怨，诸如"他拿走了我的饼干"或是"他不愿意跟我分享巧克力"之类的。但是"他拿走了我的牙"这句话，还是让我放下眼前的事情，赶紧去了解情况，搞清楚后才去洗澡。

"他拿了你的什么？"

"牙。"

"什么意思？"

"哦，我的牙掉了，他把它拿走了。"

对六岁的孩子而言，牙掉了是一个很好理解的生理现象。在弟弟萨沙的幼儿园班里，许多孩子的乳牙都在逐渐替换为恒牙。因此，萨沙在班级里就已经听说过牙仙子的存在了。班里的孩子告诉他，如果把掉下来的牙齿放在枕头底下，牙仙子就会带来礼物。

只是这颗掉下来的牙并不是萨沙的，而是他哥哥阿尔谢尼的……我不知道为什么会这样，也不知道这是由什么原因引起的，但是哥哥直到十岁才开始换牙，而且直到现在都还没有全部换完。如果这是一种遗传特征的话，那么弟弟萨沙可能还需要等上四年才能等到自己的牙仙子。但是机智的弟弟决定加快和牙仙子的相遇。首先，他阻止了阿尔谢尼想要粗暴地扔掉牙齿的举动，他拉着哥哥的手臂，并劝说哥哥不要把牙齿扔进垃圾桶。萨沙讲着牙仙子的故事，他坚信牙仙子的存在。哥哥拗不过他，把牙齿放在枕头下面。但这并不是因为他真的相信牙仙子的存在，而是他意识到，可以利用弟弟的念头获得一点儿好处。因此，他当着弟弟的面向我眨眼，并提出了一个挑衅性的问题："妈妈，我们可以向牙仙子要钱吗？"

但是阿尔谢尼并不知道弟弟有多狡猾……弟弟偷走了牙齿，并把它放在自己的枕头下面……我去洗澡了，透过水声，我听到两兄弟在房间里为牙齿而争吵。哥哥劝弟弟，牙仙子不是傻瓜，她很清楚这是谁的牙齿，所以不会错送礼物的，牙齿放在谁的枕头下面都没有关系。

我对他们的争吵持完全冷静的态度，因为我知道他们其实是彼此相爱的，这一点在面临外部威胁时变得非常明显。如果你的孩子们在家里吵架，但在外面或学校里他们会统一阵线，那就没什么问题。

是否需要干预儿童之间的冲突呢？有两种情况：完全不干涉或者每一次冲突都干预。关键是不要偏向任何一方，因为智慧在于中庸之道，而对此是无法制定明确规则的。明确的规则需要严格遵守，而智慧则在于可以灵活处理，能够感知状况、情绪、需求和每个人的能力。唯一明确的规则是确保他们不受伤害。孩子越小，越容易在冲突发生时动手打架，父母就应该更多地参与、解决他们的冲突。如果只是口头上的争吵，他们有机会协商解决，那就给他们自己达成和解的机会。

妈妈人在厨房，但注意力却在孩子们的房间里。她一边双手揉面、做汤，一边小心地听着发生的事情——听，他们吵架了。随后是五分钟的寂静，空气中弥漫着被欺负者的怨气。过了一会儿，交流开始恢复："好吧，我们和好吧！"但是如果孩子们跑到厨房寻求帮助："妈妈，你评评理，谁是对的？"或者更直接地说："妈妈，你跟他说吧！"那我们就要提供帮助。如果拒绝帮助他们，然后挥挥手说"你们自己解决吧"，那可是错误的。

焦虑来自妈妈内心的恐惧

总的来说，这是一幅非常奇怪的画面：自己先是发脾气，声嘶力竭地大喊大叫，随后又因为自己的反应而感到沮丧，并陷入一种内疚和自责之中。又或是另一幅画面：整个早上都和孩子在床上躺着，然后却因为没有趁着孩子睡觉的工夫擦地板而生自己的气。自己和自己较劲，虽然听着令人惊讶，但这样的事确有发生。人们擅长批评和惩罚自己。我甚至听说过彻底否定自我、完全不能与自己和解的情况："我因为这些讨厌自己！"

如果将个体视为不同的内在角色的集合，那么这个画面就更加容易理解了。我在本书中已经向你介绍了一些我的角色，有心理学家，有教育家，还有父母和孩子。父母和孩子的角色并没有什么新鲜的，每个人都有这些身份。总之，我有这些角色，你也有，每个人都有。当发生某种内在矛盾时，这其实是身体中的两个角色在争论。当你感到困惑时，"真不明白，我怎么会说出这样的话？"实际上是你的其中一个角色说了这句话，而另一个角色对此感到困惑。

我们的每个内在角色都有着不同的心理状况，有些是健康的，而有些可能是受过创伤的。当健康的角色做主导时，我们很少感到不安，会更加理性和积极。而当不太健康甚至是严重受创的角色活跃时，人的情绪就会失控。健康的角色不会特别情绪化。

当你的情绪出现严重波动时，试着想象一下那个在面临相同情况时，也会有如此剧烈反应的内在角色形象吧。

"我因为女儿说'不'而感到恼火。我甚至觉得她对所有事情都说'不'。'去吃饭。''不！''去睡觉。''不！''赶紧穿衣服。''不！'她只有五岁，她居然对我——她的妈妈说'不'！难道孩子可以对妈妈说'不'吗？"

"在你烦恼的背后是什么？让我们深入聊聊。"我建议道。

"或许，是嫉妒……是的，我嫉妒她，可以如此轻松地说'不'。我在这方面就办不到，我到现在都不会和妈妈起争执。"

"尝试想象一下，那个会对女儿的拒绝产生如此强烈反应的角色。你看到了谁？"

"我看到了一个孩子,一个女孩子。她很像我小时候。她非常想说'不,我不想',却无法和妈妈争辩。"

* * *

"他做作业时犯了一个错误。我当时很烦躁,而他自己却毫不在意,漫不经心地改了错题,甚至在改错的同时,又会犯另一个错误,他很淡定地擦了一遍又一遍,而我却开始焦虑起来。"

"尝试想象一下这个对错误反应如此激烈的角色。你想到了谁?"

"我想到了一个穿校服的女孩子,她是个优等生,这是我小时候的形象。我很害怕犯错。每次犯错,我都会哭,我害怕被称为坏孩子。"

如果孩子触发了母亲的负面情绪,这就意味着他并不想扮演母亲心目中的孩子这个角色。而在此刻,母亲内心中的这个孩子就会感到愤慨:"为什么他可以这么做,而我却不行?"

当我的儿子对某些事情表达强烈的抗议("我不想戴这个手套,扎人!")时,我很难接受。因为在我内心的角色中,有一个乖巧听话的女孩子。我期望所有的孩子都能表现得像她一样,但这种期望往往在现实中被打破。当我放下这些期许,承认我的孩子没有责任扮演我心目中孩子的角色时,一种新的衡量标准就会随之出现。**孩子抗议是正常的,他可以有自己的想法**。而当我开始认为这种行为是正常的时,我便能更容易地接受它。

如果母亲自己的行为引起了她的负面情绪，那么通常是由这个问题引起的："试着想象一个会对这一行为做出激烈反应的人物"——我们往往会想到总是在批评、贬低、怀疑的父母的形象。

"这是一种持续的内耗行为。我制订了一些计划，却无法实施。我写了日计划、周计划，在制订计划的时候，我很兴奋，但很快又泄气了。等到一天结束时，我意识到一项任务都没有完成，于是感到很失望，也很愤怒。"

"请试着想象一下，你是以内心哪个角色的名义制订的计划呢？"

"是一个目光灼灼的女孩子。她是个年轻的姑娘，你知道的，就像电影里那样：她可以是个活动家或者运动员。总而言之，她很漂亮。"

"那，哪个角色会让你泄气呢？"

"是一个看上去很疲惫的女人。她说：'现在不行，不是时候，不是每个人都能做到，你应付不了，你不会成功的。'她看起来就像……像我的妈妈。"

当我们弄清楚了内心的角色时，就有机会摆脱他们的影响，并从旁观者的角度看待问题。当某些事物变得清晰可见时，它就无法再控制我们。内心的角色并不能全权代表我，他只是我内在的一部分，我远远比他更强大。我的内心存在着许多不同的角色，我可以选择一个更加健康的。

在情绪波动时，我可以对自己说："停！现在是哪个角色在活跃？他是谁？他害怕什么？他想要什么？"令人惊讶的是，在经历过这种内心对话之后，情绪会明显平静下来。通过对角色的想象，我仿佛将这种坏情绪还给了角色本身："这是你的情绪，拿去吧！我不需要。"

* * *

每次，妈妈为孩子来向我们咨询时，我们都觉得，有必要和妈妈一起解决孩子的问题。（如果爸爸也在，我们也会让爸爸一起，但很少见爸爸来。）

首先是关于孩子不适应幼儿园的问题。通过交谈发现，孩子的适应性其实没有那么差。比起孩子，妈妈更难面对分离。孩子进入教室时虽然哭天抹泪的，但很快就平静下来了，能好好吃饭、睡觉、玩耍。而妈妈在这段时间里则坐立不安，掉眼泪，还要找理由和孩子爸爸解释一下，为什么想把儿子从幼儿园接回来。

"当幼儿园的大门在孩子的身后关上时，我感到一种强烈的焦虑，这太糟糕了。"

"请试着想象一下，这并不是你自己的情绪，而是你心中某个角色的情绪。你在从旁观者的角度观察他，他是什么样子的呢？"

"她是一个女孩子，一个非常小的女孩子。那是我。我小时候特别害怕幼儿园。其他孩子欺负我，但我不敢告诉妈妈。不知为何，我对妈妈撒了谎，说我和他们都是朋友，就好像妈妈也没有能力保护我，她只会伤心。比如，有一次，保育员责备妈妈，因为我们来得太晚，错过了早餐。她可能只是说话严厉了一些，但我却觉得她在教训我……"

因此,这位来咨询的女士得出了结论:让她感到强烈不安的,并不是她儿子所去的幼儿园,而是她自己从童年时代就一直存在的恐惧感。

* * *

还有关于孩子害羞的问题。孩子只有两岁,现在谈论害羞还为时过早。在他这个年纪,面对陌生人时躲在妈妈身后是正常的。为什么这个问题能这么早就困扰妈妈,甚至让妈妈去找心理医生呢?原来妈妈自己也是一个容易害羞的人,这一点在她中学和大学期间给她带来了很大的困扰。每当孩子不愿意与其他人接触时,妈妈就会陷入自己内心里那个孩子的状态,那个在黑板前脸红的孩子——明明学的都会,但宁愿得一个低分,也不愿意在全班同学面前发言。

* * *

接下来是关于女孩子青春期身高的咨询。是的,起初我也感到很惊讶,心理学与此有何关系呢?但是妈妈认为,这可能是一种心理问题,即孩子潜意识里希望保持小孩子气。顺便说一下,女孩子的身高其实是正常的,属于平均水平。但是妈妈觉得,女儿在班里比其他人都矮。当班级在户外上体育课的时候,她甚至特意去观察了一下。她看了看班级的队伍，发现女儿在身高上排在倒数第三位，于是她决定去找心理学家。

我想，读者们也许已经猜到了，这并不是女孩子自身的问题，而是母亲的问题。这是一种母亲因为自己个子不高而产生的复杂心理。母亲当时在班上是最矮的一个，为了让孩子能长成大个儿，不像她自己那样受煎熬，她特意找了个高个子的丈夫。还需要解释一下，为什么我从未见过这个女孩子本人吗？因为并不需要。我和她的妈妈一起努力，就可以消除因身高而产生焦虑的心理问题。女孩子满意自己的身高，感到焦虑的不过是妈妈内心的那个小孩子罢了。

下次当你非常想改变孩子的时候，请扪心自问一下："这跟我有什么关系呢？是我内心中哪个角色在作祟吗？"

* * *

顺便说一下，在孩子们吵架的时候，妈妈有时会失去中立的态度，更倾向于支持其中一个孩子，这也是因为内心不同的角色被激活。我向几位妈妈询问了原因。

第一位妈妈说：

"我觉得我更爱家里小的那个孩子，所以对大的孩子有很强烈的愧疚感。当他们吵架时，我的第一反应是保护小的，即使他是不对的。事后我很自责，开始自我谴责：'你是怎么做母亲的?！'我内心压力很大，会情绪失控地对他们两个都大喊大叫。"

第二位妈妈说：

"我觉得，我更爱大的孩子。小的这个是意外怀上的，我可能一直无法接受这一点。他们争吵时，我内心中某个敏感的部分就会抱怨，如果没有他，就不会有这些争吵。这样的想法让我很恐惧，我被内疚感笼罩着。这让我压力很大，我会情绪失控地对他们两个都大喊大叫。"

第三位妈妈说：

"我会下意识地说一句'他还小！'这是我妈妈在我小时候经常说的话，我总是听她念叨这句话。脑海中立刻浮现出童年的画面，当妹妹从我手中抢走玩偶时，妈妈会说：'给她吧，她还小！'为什么呢？仅仅因为她还小，就要把我的玩偶给她吗？令我沮丧的是，长大后，我自己也说出了这句从小到大都让我很不开心的话。我跟孩子们生气，是因为他们无意中让我陷入了内心冲突之中。"

当第二个孩子出生时，妈妈的内心中诞生了一个新的角色——母亲二号。对第一个孩子和第二个孩子而言，母亲的角色是不同的。从身体上来说，她们是同一个人，但在心理上，她们是两个不同的角色。因此，对待第一个孩子和第二个孩子的态度也不尽相同。

你可以给予两个孩子同等的爱，但应该用不同的方式来爱他们。 当孩子们之间发生激烈的争吵时，也许是时候让一号妈妈和二号妈妈和解了。或许是一号妈妈认为自己不够成功？抑或是二号妈妈更焦虑一些？内心的平和有助于建立外部的和平。

顺便提一句，孩子们实际上能感觉到，他们有"不同的"妈妈。比如，你不同意老大做某件事情，他会让老二带着同样的问题去找二号妈妈，希望二号妈妈同意被一号妈妈禁止的事情……

关于同内心角色的交流，最好与心理学家沟通。单独面对会很困难，但是也可以尝试，结果肯定不会更糟糕。

第二章

妈妈和孩子
与孩子和谐相处

妈妈是孩子的"情绪容器"

我五岁的时候和哥哥一起去商店，从台阶上摔下来，双膝着地，擦破了皮，还流血了。奶奶为我清理了伤口，涂了碘酒，又绑上绷带。大家都夸我是个勇敢的孩子，没有掉眼泪，我也认为自己很棒。可是到了晚上，妈妈下班回家后，我突然像着了魔一样抱着妈妈号啕大哭。我感到很不好意思，也不明白为什么泪水会止不住地流出来。大人们也很惊讶，因为从摔倒到晚上已经过了很久，为什么我到晚上才哭，而不是当时就哭呢？摔倒的时候很疼，处理伤口时也很疼，但那时我都忍住了，直到晚上才忍不住哭了出来。这些泪水并不是因为疼，伤口已经不是很疼了。我只是觉得自己很可怜，并且只能把这种委屈向妈妈倾诉，因为其他人都不适合作为我情感发泄的容器。在他们面前，我努力表现得像个"好孩子"和"小大人"，只有在妈妈面前，我才可以做真实的自己。除了妈妈，我还能找谁倾诉呢？可以举个形象的例子，妈妈就像一块吸水性很强的海绵，可以吸收很多泪水。

童年并不总是无忧无虑、趣味十足的。孩子在生活中也会有悲伤、痛苦、愤怒、仇恨、无助和绝望的情绪，他们需要一些帮助才能处理这些强烈的情感。而父母的职责之一就是要包容孩子的情绪。形象地说，父母应该创造一个容器，孩子可以将自己难以应对的情绪倾泻到这个容器中。如果妈妈能成为孩子的情绪容器，那么她将承受更多的负面情绪。在外人看来，可能会觉得妈妈不懂得如何与孩子相处——"妈妈不在的时候，孩子是个乖宝宝；妈妈一来，孩子立刻就开始发脾气。""你不在的时候，他表现得非常棒。""一整天都表现得很好，直到妈妈回来，这孩子就像变了个人一样！"这意味着，妈妈能够创造出一个空间，让孩子可以毫无顾虑地表达任何情绪，可以哭泣，可以尖叫，不用害怕被嘲笑或责备。

重要的是，我们要知道，妈妈能够容纳孩子的情绪，和妈妈无法立规矩之间是有区别的，不要将二者混淆。虽然从表面上看，它们似乎有相同的结果：妈妈回来了，孩子就开始任性、发脾气。

但在第一种情况下，孩子只是将一天积累的情绪倾诉给妈妈；

而在第二种情况下，孩子是想通过哭泣来获取无法从其他大人身上得到的东西，他知道妈妈抵挡不住他的眼泪，也阻止不了他哭。

"我想要一辆新玩具车！我想立刻去买一辆玩具车！"

于是刚刚下班、疲惫不堪的妈妈又转身去买玩具车。这种行为被称为"娇惯"，对孩子而言并非好事。

孩子并不是天生就具备应对自身情绪的能力，他们是从父母那里学会如何处理情绪的。 如果成年人能够控制自己的情绪，那么孩子迟早也能做到这一点。倘若父母也无法管理自己的情绪，孩子就要独自去面对内心的"恶龙"。（一个男孩子在对心理医生描述自己的愤怒时，就是这么说的："我的内心好像有一条恶龙。"）

当孩子尖叫时该怎么办？满足他吗？答应他的要求吗？

是否满足孩子的要求，不应取决于他反应的强烈程度。首先，大人应该做出决定——一个经过深思熟虑的，并不是冲动之下做出的决定，并且在这之前先要回答自己的问题："为什么不可以呢？真的不行吗？"如果大人说"不行"，那么最好要有心理准备承受孩子的愤怒，因为他试图以此打破限制。"我理解并接受你的情绪，但还是不可以。"

如果父母的"不"总是在孩子的情绪压力下变成"是"，孩子就会得出结论，他内心的"恶龙"是如此强大，以至连父母都无法应对。

当孩子在你身边表现出强烈的情绪时，请想象出一个巨大的透明容器。想象一下孩子的情绪是什么颜色、什么形状的，想象一下你要如何用情绪来填充这个透明容器。

这个练习有什么好处呢？它可以帮助你保持冷静。

包容孩子的情绪并不意味着压抑自我。一味粗暴地叫喊"闭嘴！不准说话，先听我说"，是无法包容孩子情绪的一种表现。重要的是要向孩子传达自己的信心，用行动暗示他："一切都没问题，有情绪是正常的。我能处理你的任何情绪，这难不倒我。"

如何避免被负面情绪传染

存在一种现象叫作情绪传染，即情绪通过一个人传递给另一个人——一个人生气了，然后第二个人、第三个人也开始生气……孩子发脾气，大声哭闹，把玩具丢到妈妈身上。妈妈忍受不了，对孩子大发脾气："你别再叫了！"这时爸爸也忍受不了了，开始对妈妈发脾气："你喊什么呀！"然后奶奶又说话了："你们别吵了！你们这个样子，还能要求孩子怎么样呢？"——她也提高了分贝。

为什么会出现这种情况呢？我们能否避免这种情绪的传染？

我认为是可以的。想要做到这一点，我们应该清晰地将自己的情绪与他人的情绪区分开。可以时刻提醒自己："这是他的反应，是他的情绪。他有权拥有任何情绪。"

我的孩子因为生气而大喊大叫，这是他的情绪。他有权利生气，而我可以保持冷静。

如果成年人不能将自己的情绪与孩子的情绪区分开来（也就是被孩子的情绪传染），可能就会出现这种情况："好孩子是不会发脾气的。如果孩子发脾气了，那意味着我没有能力管教好他，是我的问题。周围的人都在看着我，觉得我不是个好妈妈，不会教育自己的孩子，因为这个哭闹声让他们也很烦躁。拜托，不要哭了！快点儿停下来！"此时大人的心情非但没有变得平静，反而内疚、羞愧和愤怒等情绪还会接踵而来，紧接着，大人又会因为自己的愤怒而感到愧疚……我曾多次遇到过这样的场景：孩子因为耍脾气引得父母勃然大怒。

举个例子，一个孩子（看样子大概四岁）在电车上感到无聊，他开始玩纸袋，发出各种声音自娱自乐。妈妈因为他弄出的噪声而不安，她突然夺走了男孩子的纸袋，孩子因为失去了玩具而不满地哼了一声。妈妈提高了声音，说了一些类似"你再敢发出一声试试"的话。孩子不仅没玩的了，还受到了训斥。他很伤心，他要反击，他开始对妈妈龇牙咧嘴地做鬼脸。于是妈妈很生气，扇了他一巴掌，孩子开始号啕大哭。妈妈变得更加激动了，并威胁说："我再也不带你出门了！"孩子的情绪不断变化：一会儿失望，一会儿伤心，一会儿愤怒，一会儿又很无助。他趴在妈妈的腿上抽泣，而妈妈也因为生气，久久难以平静。如果车厢里听到的是纸袋的沙沙声，而不是孩子的哭泣声就好了……

如果这位妈妈在抢走孩子的纸袋并感受到孩子的不满时，能够对自己说"这是孩子的情绪,他有权利拥有任何情绪,他不是机器人,不可能没有情感",那么这样会帮助她保持冷静。她可以回应孩子的情绪:"我知道你不高兴了,但纸袋沙沙的声音让人很不舒服。"也可以从孩子的角度来看待这件事情,为什么他会把纸袋弄出声响呢?因为他在车上感到无聊,他想用任何可能的方式自娱自乐,孩子有娱乐的需求。而从妈妈的立场来看,纸袋不适合用来娱乐,孩子可以玩其他的游戏,例如,数绿色的汽车,玩词语游戏,玩"猜猜在哪只手里",等等。

孩子哭闹是在表达对失去玩具的不满,而妈妈将这种不满视为在针对她,于是就开始生气:"孩子居然敢对我喊叫?!他怎么敢这样做?!"顺便说一句,**这是一个常见的错误——将本来是针对事件的情绪,视为对个人的攻击。**

再举个例子，这是成人沟通中情绪传染的例子。事情发生在通信服务领域，系统错误导致了账单金额虚高。愤怒的客户将怒火对准了作为该公司代理的经理，客户大声问责，经理又以同样的方式回应："你凭什么在这里大吵大闹！这账单难道是我做出来的吗！"这时需要的是那种被称为"抗压能力"的品质。实际上，这是一种将客户的情绪与自己的情绪分开的能力："他现在不是对我发脾气，而是对错误的账单发脾气。"然后可以平静地告诉愤怒的客户："我理解您。如果我是您的话，也会很愤怒。如果账单有错误，公司会处理的。我的任务就是帮助您。"

那么，如何不被孩子的情绪传染，也不被他的坏脾气影响呢？

请提醒自己："这是他的情绪。他有权利拥有任何情绪。"

要让孩子看到自身的情绪："我看到你在跺脚，在大声喊叫。我知道，你现在可能很生气，我理解你的心情，你想留在游乐场玩，但我们该回家了。"这样做，不仅能让我们把自己的情绪和孩子的情绪区分开，还可以培养他的情商。

对孩子说出他的情绪，让他看到自己表达情绪的方式，这是在给孩子创造机会，让他以旁观者的角度来审视自己。

"我告诉了孩子他的情绪，但没用，他还是不停地哭泣。"

好吧，又是希望能有一个神奇的词语，可以让孩子在听到之后，马上停止令人不快的行为。请设身处地想一想，在你感到悲伤的时候，有人对你说："我知道，你很难过。"听到这些话后，你会停止伤心吗？很可能不会。我们谈论情绪的目的并不是让孩子停止表达这些情绪，而是让孩子知道，我们可以看到并理解他的情感。

"我非常容易受到情绪的传染。我发现，自己很容易受到身边他人的影响。例如，在邮局排队时，我本来在平静地等待，直到旁边出现一个烦躁的人。"

在这种情况下，试着想象一下，你和那个烦躁的人之间有一堵密实而透明的墙壁。就好像你在隔着屏幕观察他，而他在屏幕的另一侧。你不会被电影中人物的愤怒影响，对吧？

如何防止孩子情绪失控

这里所说的情绪失控，并不是指孩子因摔倒而哭泣或发脾气，而是孩子因为"想要"或"不想要"而大哭大闹，这种哭闹会给成年人的心理带来很大的压力。

我将这种哭闹分为三种类型：要求、抗议和任性。衡量的标准是：孩子是否知道自己想要什么。

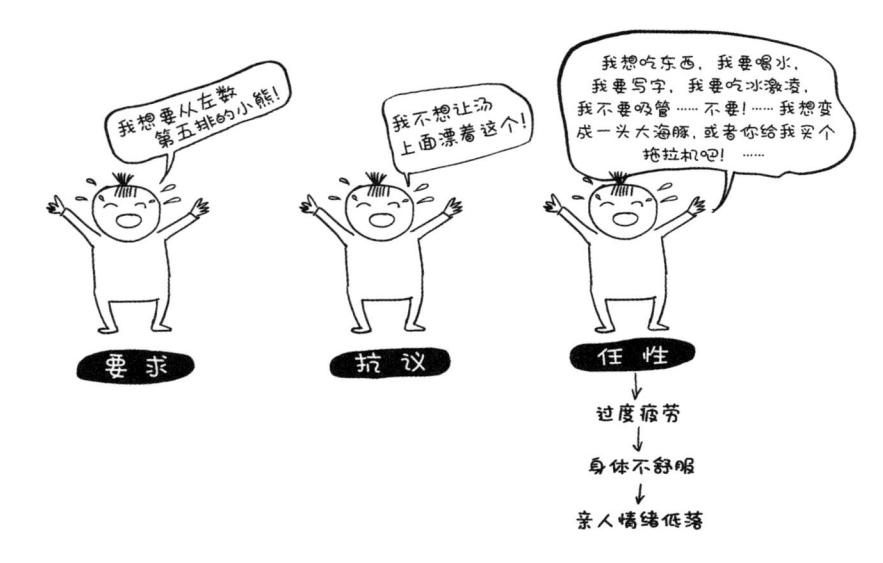

○ 如果孩子清楚知道自己想要什么，并通过哭泣来达到目的，那就是要求。
○ 如果孩子明确知道自己不想要什么，那就是抗议。
○ 如果孩子不知道自己想要什么，他什么都不想要，只是对一切都感到烦躁，那就是任性。

造成孩子发脾气的原因有：
○ 过度疲劳。（可能是由于日常生活的作息被打乱、环境有所改变或是面临过多的新状况。）
○ 身体不舒服。
○ 亲人情绪低落。（孩子能很好地察觉到亲人的情绪状态。）

如果孩子是因为任性而发脾气，那么在此时施加管教是没有意义的。我们应该努力让自己平静下来，安抚孩子，让他按时吃饭、睡觉。

萨沙两岁半的时候发过一次脾气，这是第一次，也是最激烈的一次。当时是在商场的儿童区，一辆组装好的木制火车模型摆放在陈列板上。萨沙想要这辆漂亮的木制火车，我同意买给他，但萨沙只想要固定在墙上的那辆。我解释说那是不能拿下来的，甚至让萨沙自己试着去拿固定住的展品。我把包装好的火车模型拿给他，但他还是坚持只想要墙上的那一辆。他坐在地上发脾气，我把他抱起来，放进购物车里，希望能快速地把这个大喊大叫的孩子推到收银台，赶紧付款，然后将他的注意力转移到冰激凌上。可是萨沙不停地哭闹，扭来扭去，他试图从购物车里爬出来，还把那盒火车模型扔在地上。这时，一位陌生女士对我大声说道："你怎么当母亲的？孩子不高兴了！"（嗯，我当然知道，难道她不说，我就察觉不到吗？）我抱着萨沙，想绕开这位女士继续往前走。但这位奇怪的女士挡住了我的去路，显然，是为了让我能够听完她的长篇大论："现在的人啊，生了孩子却不会教育！"我思考了一下当时的状况，如果我和她争论，我将无法保持冷静——情绪传染的风险太高了。我无法同时面对两个大喊大叫的人。于是我放下购物车，抱着萨沙离开了，他在我怀里不停地挣扎。我走出商场，在附近的长椅上坐下，萨沙坐在我的腿上，我一只手紧紧抱着他，另一只手固定住他的手脚。我轻轻地哄着他，两分钟后，萨沙睡着了。这是我的失误——在孩子该睡觉的时候，却带他去了商店。如果不是他太累了,我就可以和他平静地交流。应对发脾气的方法是不要去刺激那些容易发作的人。假如我聪明一些,绕过玩具区,萨沙就不会看到那辆小火车。

采用"眼不见为净"的方法可以很有效地预防因为"想要但得不到"而引发的情绪问题。把孩子不能碰的东西从他的视线中移开。孩子越小,我越强烈建议遵循这个原则。我还记得,我从幼儿园接孩子回家时,为了避开游乐设施、糖果摊和玩具商店的诱惑,宁愿带着两岁的儿子绕远路。

* * *

"如何向女儿解释不能吃甜食呢?她对甜食过敏。我们向她解释,告诉她会肚子痛,但她大哭大闹,坚持要吃。"

"女儿几岁啦?"

"两岁半。"

"为什么不直接把家里的甜食都处理掉呢?没有诱惑她就不会哭闹着提要求了。"

"因为丈夫喜欢甜食。他可以不吃糖,但他希望家里能有饼干和华夫饼,而且我也喜欢这些。"

我想象了这样一幅画面:一个女孩子泪眼婆娑地看着爸爸把华夫饼一个接一个地塞进嘴里。真奇怪,成年人自己都不愿意放弃,却希望两岁半的女儿轻易放弃甜食。当然,也可以继续向孩子解释,为何她不能吃甜食而爸爸妈妈可以,她迟早会接受这个事实，前提是你有足够的能力接受她的哭闹声。但你也可以选择不诱惑她，比如，在女儿睡觉的时候去吃华夫饼。

在这种情况下，建议使用"注意力转移"大法——为孩子提供一种可以吃的零食来替代被禁止的华夫饼。当然，前提是孩子真的把这个食物当作零食来看待，这个食物突然出现，像是一个愉快的惊喜，而且还要告诉孩子："哇，你真幸运，爸爸就不能吃这个。"

"注意力转移"的方法用在幼儿身上特别有效。孩子越小，这种方法就越有效。我们向孩子展示一个全新的、更有吸引力的东西，答应他会有一个更有趣的活动，以分散他对"不能拿的东西"的注意力。随着年龄的增长，孩子的注意力变得越来越稳定，那么转移注意力就会变得更加困难。

注意力转移法

为了始终有东西可以用于转移注意力,最好准备一些孩子平时无法接触的"应急玩具"。可以是带发条的小玩具,能自动移动的玩具很容易吸引孩子的注意力。我在幼儿园工作的时候,每次去户外游玩,都会准备一些泡泡和气球。不知为何,这些东西很管用。在有二十个孩子和十个铲子的情况下,类似于"我要这个铲子,他不给我"的哭叫声几乎是不可避免的。但只要说"看,我有什么",然后开始吹泡泡,立刻就会有几个没人要的铲子。

还有一种预防情绪失控的方式,叫"有条件的承诺"。公式如下:"是的,当然可以,只是……"或者"可以,但是……"。

"可以,他会把铲子给你的。他先玩一会儿,一会儿就给你。"

这句话比"不，是他先拿到的"更容易让孩子接受。**当孩子听到"不"时，他会抗拒，并且不管后面说什么，他都会抵制。当他听到"可以"的时候，就有机会达成妥协。**

"好的，我们一会儿再玩，先稍微睡一会儿，然后再玩。"

"好的，我知道，你想再玩一会儿，但现在是时候回家了。我们来想想，在家里可以做什么有趣的事情呢？"

对孩子而言，被倾听、被理解并且得到认同是很重要的。

"好的，我知道，你想马上就喝到甜汤。但是它现在很烫、很烫。我们一起吹吹它吧。"

"好的，我知道，你想去商店，但今天真的、真的没有时间了。我们明天去吧。"

（提醒一下，对孩子的承诺，必须兑现。承诺一些你不准备履行的事情，只是为了让孩子现在不哭而已，这种承诺没意义。）

这种方法并非具有普适性，不一定对所有孩子都有效。但也许某一天，你会用得上它。

当孩子沉浸在游戏中，而大人因某种原因需要中断这个游戏时，比如说，该吃饭了，该回家了，或者该睡觉了，通常孩子会号啕大哭。

即时中断游戏是很困难的，这时可以使用"预警"的方法。

最好提前提醒孩子，给他们一些时间来完成游戏，让他们将游戏顺利进行到结尾——积木搭建完成，火车模型完成行驶的路线，所有小精灵都安全回家，机器人对战决出胜负……对我们成人来说，突然从一种活动切换到另一种活动也是有困难的。我们

预警法

需要一些时间将事情暂停，并将其推向逻辑的终点。读完一章书，写完一封信，观看完一则新闻报道，完成打扫的工作……当然，如果发生紧急情况，我们会立刻中断当前的活动并赶过去，但这显然会成为一种压力。对孩子来说，突然让他做另一件事，也是一种压力。他们会用眼泪来应对压力。如果没有发生紧急状况，我认为，应该尊重孩子的活动，帮助他完成当下正在进行的事情。

对于年龄较大的孩子，这种方法也有效。有一段时间，每次吃饭，我都要喊好几次，要等好久，要在我下达最后通牒之后，他们才跑过来吃饭，这让我非常生气："如果再不过来，就不要吃了！"有一次，我在娘家做客，我自己也成了一个这样的孩子。妈妈喊我吃饭，但我想写完这一章再吃，以免断了思路。我一直沉浸于工作，直到听到妈妈喊"都凉了，要重新加热吗？还是我把它放进冰箱？"我才回过神。从那以后，我开始与孩子们商量吃晚饭的时间，希望他们在那个时间前能尽力完成所有任务。

"转移法"。将游戏情境的一部分转移到新环境中。在孩子扮演建筑师搭积木时，你可以宣布"现在是建筑师团队的午餐时间"，比你说"放下积木，去吃饭"更有效果。如果你想带孩子出去散散步，而他正在用枕头搭建"恐龙洞穴"，你可以建议他出去采摘新鲜的绿色植物来喂养植食性动物。

"选择性选择法"。这是一种在销售和谈判教材中常见的方法，被认为是最基本的技巧，也被称为"没有选择的选择"。

我解释一下。成年人做出决策，但会给孩子提供带有附加条件的选择："我们出去玩，是带篮球还是自行车？"这种方法的原理是：通过问题让孩子参与选择，并自动接受决定。例如，"你先收拾玩具车还是玩具士兵?"这里的关键词是"收拾"。事实上,这个方法的效果不会持续太久,只能从孩子会做出选择的年龄持续到他学会拒绝这两个选择的年龄。那时候,妈妈会听到的答案是:"我今天不想出去!""我不想收拾任何东西!"此时,我们会为孩子长大而高兴,也不再需要"耍花招",而是实话实说:"我已经决定了,我们现在要出门。"这意味着,是时候让孩子学会接受挫折了。

但在使用这种方法的过程中,还会有一个这样的阶段:孩子会用这种方法来对付你。请准备好听到这样的话:"妈妈,你选一个,你给我买小马还是独角兽?""妈妈,你选,我现在要吃一颗糖果还是两颗?"

选择性选择法

"概念置换法"。这种方法在孩子三岁左右使用效果最好。这是一个可爱的年龄段,孩子经常会说:"不!我不要!"他们坚持自己的意见，捍卫自己的权利。通过说"不"，他们将自己与成年人区分开来，感觉自己是一个独立的个体。（"如果我对妈妈说'不'，那就意味着我不是妈妈。"）体会到自主性是如此重要，以至即使他们原则上同意或非常想要什么，也会说"不"。因为他们更喜欢说"不"。

请想象一下，幼儿园里一整个班级都是三岁的、喜欢说"不"的孩子。尽管如此，我们还是要带他们一起外出活动，让他们都坐下来用餐，让他们全部上床睡觉，虽然他们都说"不要"……

"不！我不要穿鞋！"

"好吧，那让鞋子自己跳到你的脚上吧！"（语调要带有童趣。）鞋子开始奔跑，右脚超过左脚，然后啪的一声套在脚上！

"不，我不要吃饭！"

"好的，我们不吃饭。我们只是坐在桌子旁边，看其他孩子吃饭……看，汤里有意大利面在游泳！我们一起去打捞它们吧。"

我们用勺子依次捞起所有的面（当然，放进嘴里）。然后我们开始捞土豆……我们可以把午餐称为"钓鱼"，用一种概念替换另一种概念——目的达到了。

有些人会质疑，他们认为用这种方法欺骗孩子是不道德的。当然，欺骗是不对的，不仅仅是对待孩子。但在这种情况下，这并不是欺骗，而是一种游戏。游戏是儿童主要的活动形式。对孩子而言，玩游戏是自然而然的活动，所以他们会更加热情地参与到游戏中。这是对孩子世界观的调整，而不是欺骗。欺骗是指，成年人说"喝完汤，我给你糖果"，然后又说"哎呀，糖果没了，跑掉了"。

概念置换法

* * *

"不！我不要睡觉！"

"好的，不睡觉。我们只是躺在小床上等妈妈来。"

孩子同意了，五分钟后他入睡了，因为他真的困了……但在幼儿园里他没"睡觉"，他只是在"等妈妈"而已。

或者是这样：

"好的，你可以不睡觉。但是你要帮助小兔子入睡。它想睡觉了，但它害怕一个人入睡。你来抱着小兔子，和它躺在一起，教小兔子如何闭上眼睛。"

五分钟后，孩子入睡了，而完成任务的兔子则躺在床下的地板上。

* * *

"不！我不去散步！"

"好的，我们今天不散步。我们去寻找宝藏吧！你有铲子吗？拿起铲子，咱们出发吧，趁着其他人还没挖出宝藏。"

* * *

"妈妈，起床！起床！我们去玩吧！"

但妈妈一点儿都不想玩，甚至连眼睛都睁不开。

对于妈妈"再多躺五分钟"的请求，孩子坚决而急切地拒绝了。

这时，有个好主意：

"咱们一起玩熊的游戏吧。我是熊妈妈，你是我的熊宝宝。这是我们的巢穴，我们现在冬眠呢。"

事实上，"冬眠"持续的时间不止五分钟，而是更长时间。在我听到孩子轻声地喊我"妈妈，我已经不想再玩熊的游戏了"时，我都不知道过了多久，但我毫不费力地就睁开了眼睛。

这种方法的效果并不长久。如果孩子已经过了这个阶段，也不要感到沮丧。这意味着他已经长大了，可以面对现实，父母不再需要通过玩游戏才能要求孩子做某事。

可以综合运用上面这些方法，我将通过给三岁的孩子洗头的例子来演示给你看。

概念置换法

"萨沙，我们去洗澡吧！"

"我不想洗澡！"

"好吧，那我们去游泳吧。"

"游泳去啦！"

必须注意说话的技巧。对我来说，这两个词意味着同一件事，但对萨沙来说，显然引发了完全不同的联想。

萨沙带着十辆小车进了浴缸。我带着挖掘机加入了他的游戏。挖掘机有一个非常重要的任务：弄湿萨沙的头发。萨沙对从挖掘机的铲斗中流出的水欣然接受。最重要的是，要先提醒他，挖掘机即将浇水。因为**突如其来的事情是不行的，孩子需要时间调整自己的心态以适应接下来的过程**，我知道这点很重要。就像我洗头时，我内心已经准备好了，但是，如果有人在我看书时，突然把水泼在我身上，我想我会大声尖叫……

通过这个例子，我们可以看出，关注孩子的感受并提前沟通是避免孩子哭泣的有效方法。这样做可以让孩子有参与和掌控的感觉，从而更乐意合作。

"哦！新洗发水！"

我开始下一轮情感沟通。

我打开洗发水瓶，闻了闻，愉悦地闭上眼睛：

"这个味道，闻起来像黄色的菠萝。"

这对萨沙而言，是非常重要的一点，因为菠萝就是黄色的，这是他最喜欢的颜色。

然后我煞有介事地眨了眨眼睛，像有什么重要的秘密一样，对孩子说：

"如果在你的头发上滴一滴，你也会闻起来像黄色的菠萝。"

萨沙很痛快地就同意了。因为"滴在头发上"和"洗头"是完全不同的概念。

通过这样的交流，我试图将洗头变成一个有趣的过程，让孩子感到很开心、很特别。这种方法可以减轻孩子的抵抗情绪，并让他更愿意配合。

我在萨沙的头上做出了一朵朵蓬松的泡沫云的造型，并在镜子前向他展示这个作品。他笑个不停。我把肥皂泡下的头发拉出来一个角，就像小魔王一样。我拿镜子给他看，萨沙又笑了起来。他还处于那种天真柔软的年龄，喜欢愉快地嘲笑成人的种种傻事。

我赶忙给"小魔王"拍了张照片。（以后可以拿着照片，建议小朋友"一起去玩吧"，而不是"去洗头"。）

"你想用淋浴的水洗掉'云彩',还是用水杯里的水呢?"

这是经过深思熟虑的表述。首先,立即暗示了,我们还是要洗掉的事实。其次,用"云彩"代替"肥皂"或"洗发水",这是游戏的延续,并且我没有使用可能会引起萨沙负面情绪的词语。最后,通过使用"你想"这个词,给了他选择的权利:似乎一切都取决于萨沙的意愿。

萨沙想要用杯子里的水洗掉"云彩",当然是黄色杯子里的水。

突然把水倒在头上是不行的,必须先让孩子做好准备。我正在准备:

"现在我们按照指令一起潜水,开始啦!"

我用一只手捂住他的眼睛,用另一只手倒水。

再让他呼吸一下。

"咱们再潜一次!"

"不要！"萨沙拒绝道。

澡还没洗完，身上还有泡沫，但我还是同意了——有条件地同意。

"好的，完事了。咱们再潜三次，就好了。让我们大声数一下！"

萨沙为自己会数数而感到自豪，因此很积极地参与其中。我们兴致勃勃地数到五，儿子决定不数了。

目标达成，头发洗干净了。

"洗得真棒！"我总结说。

"是的，很棒！"萨沙应和着。

那是一段美好的时光。那时，我还可以说服萨沙做任何事情——只要将要做的事情以有趣的游戏的方式进行，逗他开心，并让他觉得自己在掌控局势。

如果情绪失控已经开始

采取正确的态度，对于应对情绪失控的现象来说是非常重要的。

首先，我会说说错误的态度。这样会更容易理解正确的态度。

错误的态度有两个极端：一个极端是对孩子的哭泣不理不睬，忽视他的情绪；另一个极端是无法忍受哭泣，认为孩子不应该哭泣，哭对身体不好，会想尽一切办法制止孩子哭，如果制止不了就会陷入焦虑。还有其他几种情况：管制、禁止、惩罚。

那么正确的态度是什么呢？正确的态度就是："我的孩子有权拥有任何情绪。如果我无法改变或者是不愿意改变让他发脾气的状况，我会帮助他管理自己的情绪。"

将孩子的每一次哭泣都看作故意而为之，这是错误的想法。有些成年人会说："孩子们都是故意的。"他们怀疑两岁，甚至三个月大的孩子都会故意哭闹。更有甚者，有人说："我不想被孩子控制。他才三个月大，就已经非常狡猾了，还学会了发脾气，因为想要在我的怀里睡觉。"在论坛上，也有些人持相同的意见："我们家孩子也一样，如果不抱起来，他就会哭闹，但是当发现威胁没有起作用时，他自己就会安静下来。"威胁？三个月大的宝宝？你是认真的吗？婴儿在妈妈离开时感到不舒服，并通过哭泣来传达这种情感。这不是想要操控谁，而是诉求。当他们的诉求

得到满足或无能为力时，他们会停止哭泣。

"我们家的奶奶真的会被孩子拿捏！只要孩子哭，她立刻就什么都答应。"但孩子只是真诚地表达自己的情感。当奶奶不允许他看手机时，他真的很伤心，所以哭了起来。而奶奶最终在他哭了十分钟后把手机给了他，这并不是因为孩子"发火了"，而是因为奶奶无法面对孩子的哭声。如果这样的情况多次重复（想要—遭到拒绝—哭闹—得到想要的东西），可能孩子会注意到其中的因果关系，并开始有意识地用哭泣达到自己的目的，但并不是每次哭泣都是故意的。顺便说一下，不要害怕做出让步。

"我不知道该如何和女儿相处。经常会出现这样的情况：我说'不行'，她就开始哭。我看到她这么伤心，就很心疼她。我开始思量：为什么'不行'呢？在某些情况下，也许是'可以'呢？我不知道她这么想要做这件事啊。我已经准备做出妥协，但我担心这种行为变成习惯后，她就会用哭泣来威胁我。就像今天，她看见窗外有朋友在玩，就大声喊：'我们也去玩吧！'我说：'不行。我要先煮汤。'她就开始哭。我不知道她的朋友在那儿玩耍，我也不知道对她来说，现在就出去玩有那么重要。我其实也可以等散步回来之后再煮汤。此时，我的内心在天人交战，其中一个自己化身成了一名严厉的老师，告诉自己不可以随着孩子的意愿行事，因为这样会让她觉得，哭就可以达到目的。而另一个自己，似乎又在发牢骚：'你看看孩子，多不开心！出去散个步有这么困难吗？'"

当在处理孩子的问题上遇到困难时，我通常建议换位思考一下："在类似的情况下，我会希望别人如何对待我？"

例如，妻子对丈夫说："明天陪我去拜访朋友吧！"

丈夫回答："我不想去。"

（他并不知道具体情况，只是本来就不喜欢外出拜访朋友而已。）

妻子伤心地流泪了，觉得一个人去很孤单。于妻子而言，丈夫的陪伴是非常重要的，因为其他人都是成双作对的，只有她独自一人。

你觉得，丈夫应该如何回答呢？

他可以说："亲爱的，别哭了，我不知道这件事对你来说这么重要。好吧，这次我陪你去。"

或者他可以坚持原来的想法，以防妻子养成一些不良习惯？也许她也是想通过哭来达到自己的目的……

为了内心不再纠结，尽量不要在与孩子的对话中不加思考就回答"不行"。拒绝应该是经过深思熟虑之后才决定的。当无论如何都不可能同意时，再说"不行"。可以下意识地回答一些类似"我会考虑一下"的话。

"妈妈，把电视打开吧！"

"我考虑一下。"

从某人（或某事物）的角度出发，采用更方便的方式。在此，我们以孩子为例，提出一个问题以明确其需求：

"你为什么要开电视呢？你想看什么节目呢？"

如果孩子想要看马上开始的某个动画片，情况就不同了。而如果他只是因为无聊，想"随便看看"，那就另当别论了，无须电视也可以满足他对娱乐的需求。

* * *

"妈妈，给我拿饼干！"

"我考虑一下……马上就要吃午饭了。你饿了吗？"

"没有，我和尤利娅在玩，我们的玩具娃娃来做客了，需要招待它们。"

"那就把你们的娃娃邀请到餐厅去吃午餐吧。我会给你们摆好桌子的。"

* * *

"妈妈，把剪刀给我！"

小孩子伸手去拿剪刀。妈妈的第一反应是禁止、不给，免得他受伤。但仔细想一下，孩子对这个东西的兴趣可能只会持续三分钟，然后就可以将他的注意力转移到其他事物上。所以也可以让他摸一摸剪刀，但要注意安全，这样孩子与新物品接触时就不会产生危险。

如果成年人经过思量之后，还是说"不可以"，那么这个拒绝会引发孩子强烈的情绪反应。成年人的任务是将这些情绪"收纳"起来：想象一下，有这么个容器，请耐心等待，直到所有的眼泪都流进容器里，孩子就会从内心的情绪波动中解脱出来。你觉得这个比喻如何？你愿意为孩子的情绪准备一个容器吗？

无意义的容器：大人将想象中的容器紧紧盖上，并躲开孩子。（这传达出的信息是："你自己找个地方哭，不要烦我！"）

盛不下的容器：虽然大人准备好了容器，但容器太小了，他很焦虑，担心孩子的眼泪溢出来会淹没自己。（"拜托，别哭了！我们都会被淹死的！"）

任何安抚孩子的尝试都有可能失败，你要做好这个心理准备。孩子只是想把情绪发泄出来，在他生气、委屈、把你推开的时候，你可以继续忙自己的事情。那这与忽视孩子有何区别呢？有的，大人参与其中并给予了关注。即使从表面上看，"忽视"和"安抚"的行为看起来没有区别，但是内在状态和对待事情的态度是不同的。"忽视"的时候，大人向孩子传达的信息是："我看不见你，你不存在。只有你安静下来，我才会理你。你现在的行为是不对的。"在"安抚"中，成年人传达的是："我看见你了，我知道你现在不开心。我在你身边，随时可以帮助你。你现在的感受是正常的。"成年人可以立规矩，说"不，这个不可以""不，现在不行"，而孩子也可能会对此产生情绪，这是很正常的。

有时候大人真的很难忍受孩子的哭闹声，还担心孩子一遇到不顺心的事情，就会习惯性地大哭大闹。有一种观念认为，男人不应该哭泣，甚至两岁的小男孩儿也不应该哭。首先，男人也会哭，只是很少哭而已。他们会隐藏自己的眼泪，因为在社会中这种行为是不被接受的。其次，男孩子会长大，随着年龄的增长，即使没有受到刻意的教育，他们哭的频率也会越来越低，孩子的情绪调节能力会得到发展。已经长大的男孩子们证实了这一点。

孩子为何会哭闹？

当孩子因为需求得不到满足而陷入歇斯底里的状态时，许多成年人将这种行为视为一种精神攻击，其目的是突破家长的防线。当然，有时候孩子会因为某人或某事而哭闹。但并非所有时候，原因都如此明确。更多时候是因为"为什么"而哭泣。

——因为世界是如此不完美，我们不得不面对各种不如意。

——因为我并不像以前那样无所不能，当时只需要哭两声，就能得到我想要的一切。（当时，"我想要的一切"指的是妈妈的乳房。但随着需求不断增长，现在"我想要的一切"并不能全部被满足，这让人很难接受。）

——因为事实证明，我不是宇宙的中心，其他人也有自己的需求。

——因为，（哦，天哪！）原来我和妈妈也有不同的愿望，而这是无法改变的。这就是生活中的真相！

充满了愤怒和绝望的眼泪最终转化为无可奈何的悲伤、疲倦的孩子、末了的啜泣声。

体会无能为力的感觉是一种消耗能量的过程。但没有这样的经历，就无法成长。

当孩子失败了

"别，不要把这张牌放到这里！不要！"

> 这是因为，你走的是白棋……
> 她拿着球干扰到我了。
> 还因为，爸爸在吃比萨，
> 还有，下雨的声音也很吵。

玩到最后，游戏越来越充满火药味。

"为什么不让？现在轮到我了，我想放哪里就放哪里。"

"那我就不玩了！"

"每当你感觉到自己要输了，你就不玩了！如果你现在退出游戏，那就算你输了！"

"不，我没有输！我没有输！"

年幼的孩子大声喊道，并迅速搅乱了所有的牌，让游戏无法继续进行。

"好了！咱们重新开始！"

"我再也不和你玩了！这样不公平！"

"很公平！我们重新开始吧！"

"除非你先承认，这把你输了，否则我不会重新开始玩的。如果这把不算我赢，我就不玩了！"

"我没有输！再玩一次！"

孩子们哭闹不止。家长过来宣布这把平局，或说服大一点儿的孩子再玩一局，劝他让让小的孩子，让小的赢一把——做这一切只为了让局面平静下来。但从长远来说，这并不是一个好办法，孩子需要学会认输。这就意味着要学会经历失败，没有失败的经验，这种能力就无法得到锻炼。

妥协当然也是可以的，我不能说这是完全错误的决定。但妥协应该是有意义的，是为了让孩子保持对游戏的兴趣，特别是在一直输的情况下，而不应该仅仅是为了让他们安静下来。赢的局面会激励孩子继续玩下去，我学习下棋的时候就是这样。刚开始学的时候，每隔一局我都能赢爸爸一次，后来每三局只能赢一次。再后来，就很少赢了。随着我的下棋技巧变得越来越好，赢爸爸的次数却越来越少，但我开始赢弟弟了。

在经历失败时，孩子通常会有一个极其不愿意承认的阶段："不，我没有输！不，游戏还没有结束！咱们继续！"在这个阶段，需要帮助孩子面对现实："事实就是这样的，你输了。"

这会引发孩子激烈情绪的第二个阶段：愤怒的阶段。这种愤怒可能会指向其他玩家："你耍无赖！"再指向裁判或主持人："你判罚错误！"或指向游戏本身："这个游戏有问题！"在这个阶段应该帮助孩子表达出情绪："我知道你生气了。没有人想输掉游戏，但每个人都会时不时地扮演失败者的角色。"

接下来是被我称为"如果"的阶段："如果我先出牌""如果我抓了其他的牌""如果不是你大笑分散了我的注意力""如果猫没有在游戏盘上乱跑"等。此时，你可以简单地点头回应："是的，很有可能。"倘若能够和孩子进行有意义的对话，那么可以和他讨论一下，在他所提到的"如果"中，哪些可能真的对游戏结果产生影响，哪些是无关紧要的。还可以探讨一下，如何改变游戏策略以取得胜利。

结束阶段：接受悲伤，最后哭泣。可以给孩子一个大大的拥抱，直到他完全平静下来，也可以让他独自面对自己的感受。可以从哲学的角度告诉他："每个参与游戏的人都渴望胜利，但也要做好准备接受失败。"我不能说哪种方式更好一些，你可以通过观察孩子的反应来感受一下。

我们无法保证，孩子永远不会失败，即使我们不玩游戏或总是去刻意迎合他。早晚有一天，他都会长大并踏入社会：幼儿园、学校、运动队，或者只是在小区的院子里，也会有非正式的竞争，比如"谁学习最好""谁做引体向上最厉害"等。还有团队性项目、比赛，以及奥林匹克运动会等。

否认事实并违心地告诉孩子："你始终是最好的！"这种做法是错误的。在孩子愤怒的时候，你和他一起发牢骚："这不公平！他们冤枉你了！"这也是错误的做法。"下次你一定会第一！"这样的安慰也是错误的，因为下次也有可能失败。任何让孩子坚信自己是最好的，并且应该取得第一名的想法都是错误的。一些人错误地认为，这样可以增强孩子的自信心。不，这反而会导致孩子的神经变脆弱。健康的自信不是"我是最棒的"，而是"我很棒，我是有价值的"。这个价值不在于输赢，而在于"我很棒，即使别人赢了"。

当孩子面对比较

与"胜利—失败"这一主题非常接近的是"比较"这个话题。"比较"是一种在某人脑海中暗自进行的小规模竞争。

我想，你已经很清楚了，不应该把孩子拿来比较。但是我想告诉你，该如何进行比较。坦白说，虽然我也经常建议"不要比，不要比"，但我也不清楚如何在现实生活中做到这一点。比较是一种习惯性的思维，我们经常进行比较，哪里的价格更划算，哪边的队伍排得更快，哪里的条件更舒适，哪里的服务更周到，在哪里我们的机会更多一些。通过比较不同的事实，我们能够在生活中找到方向。

看着我的孩子站在一年级的队伍里，我的大脑不由自主地把他的身高与其他孩子的身高进行比较。他是班级里最矮的吗？不，不是最矮的，还有比他更矮的男孩子。那个女孩子戴的蝴蝶结最大，那个男孩子手里拿的花束最大。一年级的孩子们开始朗读诗歌，我会不由自主地进行比较：这个孩子读得比其他人都大声，而那个孩子的语调最有表现力。在这个过程中，我的情绪很稳定，这种无意识的比较并没有对任何人造成伤害。在产房里，你看着新生儿，比较他们哪个的脸颊更圆，哪个的头发更长，但无论如何，你的孩子都是最可爱的。"我的孩子无论如何都是最可爱的"，在这种状态下进行比较是安全的。但如果是出于嫉妒或带着其他负面情绪进行比较，则会造成伤害。

下面，我通过例子来向你展示，比较本身并不可怕，可怕的是进行比较的人所处的状态和他的动机。相同的话语，从不同人的口中说出来，产生的效果是不同的。

如果和孩子说话时，带着愤怒的情绪，口气中带着羞辱和打击："你是班里得分最低的！"这很可怕，会给孩子造成创伤。

如果是带着无条件的爱和支持来说呢？

"你的得分在班里最低，我觉得很奇怪。我知道你的潜力，你可以做得更好。那我想知道，为什么会是这样的结果呢？你遇到了什么困难吗？我能帮你做些什么吗？"

是的，这也是在进行比较，但这种比较不会造成伤害。

*　*　*

因为过于疲劳和紧张，想通过言辞来发泄烦恼，这会让孩子很受伤。

"看，那个女孩子滑得多棒啊！而你都这么大了，还经常摔倒，笨拙得像只大象一样。上点儿心吧！"

如果能平和地说话，以鼓励孩子学习滑冰为目的，则是非常有益的。

"看，那个女孩子滑旱冰滑得多棒啊！我相信，你很快也能学会的。"

*　*　*

妈妈愤怒地说道："你班上的娜塔莎每分钟能读一百五十个单

词，而你只能读四十个。再也不许玩游戏了！你要努力学习了！"

孩子并无心去学习，他担心妈妈不爱他了。

如果同样是进行比较，但母亲调整了自己的情绪和动机呢？她满怀爱意，充满包容，带着鼓励和支持的意愿对孩子说：

"你班上的娜塔莎每分钟能读一百五十个单词，而你能读四十个。娜塔莎的例子证明，这样的阅读速度是可以实现的。她的妈妈告诉我一些提高阅读速度的小窍门，我相信你也能做到。当然，你要坚持每天都训练，你愿意让我成为你的教练吗？你也可以成为我的教练，我也想提高自己的阅读速度，我很高兴和你一起练习。"

这样做的动机不是为了让孩子超过娜塔莎，而是为了提高孩子的阅读能力，以便他将来学习时能更轻松。一百五十个词也不是必须超越的标准，它只是一个示例，证明这是可行的。

* * *

"小弗被选去参加英语奥林匹克竞赛，而你没有！你的英语真够差的！"妈妈在失望、自我崩溃和嫉妒中嚷嚷。她嫉妒小弗的妈妈是如此幸运，能拥有这样一个儿子。

妈妈把她的幸福感寄托在儿子身上。儿子可能会感到沮丧，觉得自己没有达到妈妈的期望，或者还会感到愤怒，认为妈妈不可理喻。

让我们改变一下妈妈的情绪状态，让妈妈不要将她的期望寄托在孩子身上。

她从儿子那里了解到有关小弗的消息，这表明孩子自己也会进行比较。

"小弗被选上参加奥林匹克竞赛，而你却没有被选中，是不是心里很难受？或许，你的英语水平确实不如他，但是至少比班上一半的同学都要好啊。孩子，你知道吗？生活中总是会有人比你强，也有人不如你。首先，要学会问自己：'我现在的水平可以吗？我是否准备好更加努力地去提高自己了呢？'"

仅仅说话得体是不够的，还要有正确的态度。如果心态不对，即便表述正确，也不会达到应有的效果。"干得好！铜牌也很棒。"爸爸这样说道，但他的目光却望向了那个拿着金牌的男孩子……这样的目光中充满着无尽的悲伤，以致儿子在脑海中将铜牌想象成"失败者"的标签……

即使成年人什么都不说，但基于自身的期望，他们会把孩子从学校带回来的评价"良好"的成绩看作个人的悲剧，因为他们相信："父母优秀的孩子，学习应该是'优秀'。"这会对孩子产生负面影响。孩子会通过父母的情绪、手势，甚至妈妈垂下的肩膀和暗淡的目光来理解他们的状态。当妈妈看着成绩单时，她的状态比言辞更重要。

在家里，明显的比较行为可以轻松地规避。（尽管还是会存在隐性的比较。妈妈嘴上不说，但心里会想："在这个年龄，老大已经能够阅读了。"）但当孩子进入社会时，他们必定会面对比较。例如，进入幼儿园，他们会发现，有人跳得更高，有人跳得更远，有人穿衣服很快，有人跑得很快，有人画画很好。在这种情况下，教育学家会不停地提醒："不要比较！"而善于观察的、理性的教育者会说："好吧，我不去比较。但孩子们自己会发现问题并进行比较。因为他们已经长大了，能够独立思考，无须成人的帮助也能确定谁'更快、更高、更强、更聪明'。"与教育学家不同，孩子们不会隐瞒事实，而是会大声地宣布胜利："我超过你了！我第一！哈哈哈！"输的一方会沮丧、哭泣，甚至想把胜利者打一顿。

比较是一种正常的社会现象，孩子无法避免这种情况。在学校里，他们会被比较；在找工作时，他们会被比较；在选择约会对象时，他们还是会被比较。此外，他们自己也会进行比较。孩子将如何面对被比较的情况呢？他们会有什么样的情绪？会得出怎样的结论？他们该如何应对一些对自己不利的比较呢？

因此，**我建议不要害怕比较，而是要学习如何对待它，培养对它的免疫力**。这并不意味着要陷入另一个不断进行比较的极端，但有时候会有一些情况，比如，别人会拿你的孩子进行比较，或者孩子自己与他人进行比较，然后为结果感到沮丧。这时我们应该如何帮助他们呢？

我们自己也经常会进行比较，对吧？玛莎更瘦，萨沙的车更贵，娜塔莎经常去度假，达莎的公寓更宽敞……成年人对待比较的反应，取决于他们的童年经历。如果童年的时候，父母在进行比较时给了孩子一种他没用、不重要和不被接受的感觉，那么长大后的他，在面对比较时也会陷入同样的状态——他的脑海中会响起父母的声音。

但父母的声音也可以是充满支持、包容和鼓励的。

如果在童年时期没有正面、积极的比较经验，那么可以自己想象、创造出一个角色来支持和鼓励自己："是的，玛莎比你瘦，这是事实。但是，你是一个完整而有趣的个体，你更重要。要以这样的方式看待自己，而不是钻牛角尖。""是的，萨沙的车比你的贵，你可以通过贷款买一辆一样的车。但你真的需要吗？或者你有其他更重要的愿望吗？""娜塔莎又去度假了。你也想去吗？那你想想，可以做些什么来改变自己的生活，让自己也能经常休息呢？""是的，达莎的公寓更宽敞。但那是她父母买的，而你是靠自己赚来的，你可以为自己感到骄傲。"

在比较结果时，请不要忘记比较一下起点和投入的精力。当你的内心有一位支持者的角色时，你会从容地应对那些对自己不利的比较，你可以将这个经验与孩子分享。从自己开始做起，这是教育的黄金法则。

我的内心就有这样一个角色，他经验丰富，成熟稳重，有教育孩子的经历：

"奶奶做的比萨更好吃。"

"科里亚的妈妈不怕开车。"

"你上次的发型看起来更年轻。"

"为什么温尼科特的书比你的贵三倍？它真的更好吗？"

在这种情况下，对自我的认可始终坚如磐石。更重要的是，要适时依靠这个正确的角色，并记住这句口头禅："我是完美、独特且充满灵气的存在。"当然，你可以使用这句，也可以自己再编一个。

当孩子害怕了

儿童的恐惧很能折磨父母的神经。孩子的恐惧有个特点——在大多数情况下，这种情绪都是毫无逻辑的。但也有一些恐惧是合理的，如对高处的恐惧或是对狗的恐惧，这些都还可以理解。但是对开着门的衣柜产生恐惧，又该怎么理解呢？不久前，孩子还能在房间里安静地玩，也没留意过房间角落里的衣柜。但之后出了一点儿小状况，现在每次有人在孩子身边打开衣柜门时，他都会惊恐地尖叫并逃跑。也许这个衣柜让他想象出了一些事情，但他无法表达出来，因为他的词汇里只有"妈妈""爸爸""奶奶""给"和能代替其他所有词语的、含义丰富的"卡"，他很难用这些词语组合出一个关于打开衣柜的惊悚小说。

我在收集一些可能会引起孩子恐惧的事物时，发现了一种南瓜恐惧症。这种恐惧来自我朋友的儿子，他才一岁。在秋收的时候，大南瓜被搬回了家，但不知为何，在这个宝宝眼里，大南瓜非常可怕。孩子不敢进厨房，直到妈妈用毛巾把南瓜盖住。为了验证一下，他们把南瓜搬到了另一个房间，孩子的反应仍然一样。如果房间里有南瓜，没有盖住，他就不会进去。因此，聪明的父母一直都没有吃这个南瓜——这对孩子来说似乎是最可靠的保护

措施：如果他们不希望孩子进某个房间，只需要在这个屋门口放一个南瓜。也就是说，大人合理地运用了孩子的畏惧心理，而不是帮孩子逃避它。这是一个相当可行的解决办法，孩子很轻松地就摆脱了这个恐惧。下一次收获的南瓜只会在妈妈做得不好吃的情况下，才会引起他的反感。

不是所有的恐惧都需要摆脱，只有那些妨碍我们的才需要。我到现在还怕一些体积大的动物：马、牛之类的。在乡村时，我会尽量远离它们，尽管我知道有各种方法可以克服这种恐惧。不过，如果生活状况有变化，例如，我要搬到乡村去养牛，那么就另当别论了，我会想办法克服这种恐惧。但现在这个恐惧并没有妨碍我的生活，所以我不急于与它告别。

在我的童年时代，有一个非常可怕的"巫婆小屋"——公园里的一间又破又旧的小屋子。在我出生之前，这个小屋子曾经是一个售票亭，卖公园里唯一的游乐设施的票。后来游乐设施坏了，小屋也就不需要了。为了防止误闯，有人用木板封住了窗户，但由于年久失修，这些木板也变黑了。夏天，保育员会带着我们去这个公园散步。每次经过那个有黑窗户的小屋时，孩子们会饶有兴致地互相讲述每个小镇居民都知道的事情："这里住着一个老巫婆！"嗯，她就住在那里，但并不妨碍我们在这个城市生活，也不影响我们在这个公园玩耍……有些恐惧既不妨碍大人，也不影响孩子，那就让它们留下来吧！

人对狗的恐惧会以不同的方式表现出来。如果表现为避开狗，不想去摸邻居家的狗，那么可以不用在意，很多人都可以在这种状况下正常生活。但是，如果孩子因为恐惧而拒绝出门，那么显而易见，需要解决这个问题了。

一楼邻居家养了一只狗（德国牧羊犬），而这只狗最喜欢的事情就是吓唬从窗前路过的行人。一个三岁的小男孩儿就被这只狗突如其来的吠声吓到了，他开始害怕出门，对这扇窗户和这只狗都产生了恐惧心理。

帮助孩子克服恐惧，可以通过游戏来解决。三岁的孩子已经能在成人的指导下进行情景角色的游戏了。可以在盒子上剪一个窗户，准备好小男孩儿和狗的模型，并让小男孩儿和盒子里的狗成为朋友，一起玩游戏。每次开始游戏时，可以有个开场白："有一次，男孩子去散步。狗用欢快的叫声向朋友打招呼。"这样会引起男孩子对感知的重新定位：窗户里的狗不再让人害怕，它是在用大声的欢呼来迎接男孩子。这样，当经过真实的窗户时，孩子就不再感到恐惧，而是感到好奇，因为他满怀期待："今天，狗会和我打招呼吗？"

当孩子出现某种恐惧时，我们应该采用游戏的方式帮助他，而且游戏越有趣，效果就越好。原本令人恐惧的事情，变得有趣后就不再可怕了。

　　萨沙非常害怕电钻的声音。邻居家在装修，所以经常会传来钻孔的声音，一岁的萨沙会被吓得号啕大哭。妈妈抱着他、安抚他，并跟他解释："这是叔叔用钻孔机在墙上打孔呢。"但对一岁的孩子来说，这样的解释没有意义，他只知道有个陌生的叔叔在做着他无法理解的事情。当事情不可理解时，就会成为对安全的威胁。而这时爸爸一边笑着，一边夸张地模仿电钻的声音："突突，突突突……"同时通过肢体语言模仿叔叔用钻孔机在墙上钻孔的样子。爸爸用食指模仿出钻头的样子，还有脸上搞笑的表情，终于成功地逗乐了小宝宝。

　　他们又玩了一会儿"电钻游戏"，爸爸发出"突、突、突"的声音，逗得萨沙开心大笑。在之后真实的电钻声响起时，萨沙想起爸爸伸出食指、做鬼脸的样子，笑个不停。

　　对于令人恐惧的看牙医的经历也可以通过一些游戏来化解。比如，可以设计一个故事情节，讲述医生如何打败蛀牙怪物，但孩子在战斗前需要获得魔法般的勇气。

　　当孩子感到害怕时，不要说"别害怕"，因为这无济于事。（说真的，当朋友建议你"冷静下来"的时候，你真的能冷静吗？或者在你情绪紧张的时候，有人和你说"放松"，难道就真能放松吗？）

　　不要忽视孩子的恐惧，即使这种恐惧看起来很荒谬，也不应该对孩子说"别编故事了，这种事情在世界上不存在"。对孩子而言，他们的世界是不同的。在他们的世界中，床底下住着巫婆，衣柜里藏着鬼。当你对孩子说的话不屑一顾时，你就失去了他们的信任。恐惧不会消失，孩子只是独自面对自己的恐惧罢了。

不要说"这一点儿也不可怕"。（就算你告诉我一百遍，牛是最温驯的，我也不会靠近它！因为对我来说，它很可怕。）这些话不仅对孩子没有任何帮助，反而是在贬低他的自身感受。对此，孩子可能会产生这样的感受："没有人理解我，也没人相信我。"

当成年人说"你想多了，这一点儿都不可怕"时，他是在教孩子否认自身的感受。而被否定的感受是不会再得到更多关注的。最好让孩子能清晰认知到自身的感受，并去倾听他、支持他。只有接受了孩子的感受，我们才能与孩子建立联系，进而帮助他克服恐惧："是的，你害怕，我有时候也会害怕，让我们来一起面对吧。"

千万别说："你是男孩子！男人应该强大和勇敢！真正的男人不怕任何事情！"首先，这明显是在说谎，因为男人有时也会感到恐惧。其次，在这种情况下，孩子在恐惧中又被扣上另一顶帽子："我在不该害怕的时候害怕了，我做错了。"但实际上他并不会停止害怕，只是会停止与父母谈论这个问题。

不要回避孩子的问题。把一切解释清楚是防止恐惧的一种方法。很多时候，恐惧是由缺乏信息或错误理解信息引起的。

有一次，在一个儿童心理学的研讨会上，一位参会者回忆起童年时让她恐惧的事情——她担心母亲生病，害怕母亲离她而去。

这种恐惧困扰了她很多年。这一切都源于，有一次她看到母亲头上裹着绷带，额头上有血迹。实际上（她后来上学了才明白），妈妈只是用一种植物磨成的红色染发粉染发而已。女儿问母亲："你头上是什么？"母亲没时间解释，只是摆摆手回避了女儿的问题。于是，女儿自己编造了一个关于妈妈生病的可怕答案。如果妈妈有足够的时间和耐心解释自己奇怪的造型，女孩子就不会多年来一直为妈妈感到担心。

我记得我小时候害怕头发。如果在桌子上看到有头发，我就会感到很紧张。妈妈询问我原因，我告诉她，是幼儿园的女同学吓唬我。她们告诉我，如果不小心吞下头发，它会在体内生长，当头发填满整个胃时，人就会死去。妈妈听完拿出一本百科全书，我们一起观察了头发的结构。我知道了，头发会自然掉落，但毛囊会留下，新的头发会从毛囊长出来，没有毛囊头发就无法生长。我安心了，恐惧感也随之消失。

不能因为孩子感到恐惧而训斥或谴责他，更不能因此恐吓和惩罚他。恐惧本身就是一种负面的情感，我们不应该让情况变得更糟。

在诊所门口排队，等待抽血。这个过程虽然对很多孩子来说已经很熟悉，但依然让人感到不快。孩子们知道会痛，很害怕痛苦时刻的到来。他们互相对视，又不停地望向自己的父母。

从诊室里传来一个孩子的尖叫声，队伍里的一个男孩子开始哭泣："我害怕。"

他的妈妈愤怒地说道："别哭了！有什么可怕的！"

男孩子对妈妈的反应感到很伤心,他更难受、更生气了。

而妈妈也变得更加激动起来:"其他孩子都没哭!只有你是胆小鬼!看看,大家都在笑话你!"(这里的比较方式完全不恰当。)

此时小男孩儿开始感到羞愧和沮丧,但恐惧并没有消失,他大声哭道:"我不去打针了!"

妈妈开始吓唬他:"你要是不去,我就把你送进医院!每天都要扎针!你希望这样吗?你说,你希望这样吗?每天扎十针!"

说完这些话,妈妈就把孩子推进了房间。

其他孩子都安静了下来,看来是可怕的阿姨吓到他们了,这阿姨比打针还吓人。父母们也安静了下来。我看着萨沙那双圆溜溜的眼睛,这时从诊室里传来了声嘶力竭的喊声和护士的训斥声:"我还没给你打针呢!"

下一个就轮到我们了……

我转头看着萨沙，装模作样地说："看！毫无疑问，这是'最响亮'奖项的第一名。"

萨沙开始笑了起来，"逗笑"的策略奏效了，他紧张的情绪得到了缓解。

我继续说："你比不过他。不可能有人比他的声音再大了，要试一试吗？"

"不要。"他一边笑着，一边回答。

"但你可以在'最勇敢'奖项中获胜。"

我为萨沙创造了这么一个游戏。

于是，萨沙扮演了最勇敢的角色。他伸出手指给穿白大褂的护士，说道："我不疼！"

打完针，他自豪地走出房间，开始向我要"最勇敢"奖的奖品……

我也在思考，如果萨沙在排队的时候也因害怕而哭泣，我会怎么做。我会拥抱他，安抚他，并说："我知道你很害怕，我在你这个年纪也这么害怕过。我会陪着你，然后给你买一个勇气奖。"要知道，能够忍受痛苦也属于一种勇气，其中包括忍耐身体的疼痛。孩子会从父母的反应及话语中，判断出自己是胆小还是勇敢，是怯懦还是谨慎。在学龄前阶段，因为孩子表现出勇气而奖励他，是我们经常采用的方法。我想通过这样做，让孩子将注意力从即将发生的不愉快的事情上，转移到讨论他希望得到什么奖励上。

当孩子生病了

既然谈到看病的问题，我认为有必要对这个话题给予更多关注。在儿童医院里，母亲需要用远超平常的力量和耐心来为孩子提供所需的支持。

颌面外科门诊。做完手术后，孩子们总是会闹，这是可以理解的，因为他们很疼，在陌生的环境里也感到害怕，他们想要回家。而妈妈们的反应却各不相同，有些母亲温柔地承接了孩子的情绪，她们会去抚摸、安慰，并劝说自己的孩子。还有些母亲则无法忍受孩子的抱怨，说："你为什么一直折腾？没有人抱怨，只有你。"（事实上，其他孩子偶尔也会折腾，只不过没在此刻而已。）

支持孩子和批评孩子的妈妈比例大约是七比三。但在医院食堂里，这个比例发生了变化——即使是持支持态度的妈妈，此时也变成了批评者："吃吧，别说话了！你是在折腾我吗？"（是的，如果孩子不想吃医院的粥，那他就是在折腾妈妈……）

"如果你不吃，我现在就叫护士过来给你打针了！"（而事实上不管谁吃没吃午餐，吃了多少，护士都会按时过来，因为这是医生规定的。但孩子会认为这是妈妈在故意报复他。）

* * *

"我现在回家，你一个人待在这吧！"

孩子不说话了，趴在地上，开始发脾气。

"你看,你的行为多不雅观。为什么要让妈妈伤心呢?你听话一些吧!看,马克西姆都已经吃完了。"

当然了,马克西姆没有切除扁桃体,对他来说吃饭不疼……孩子还躺在地上发脾气,用脚踢着和他同病房的马克西姆。因为"全都吃完的马克西姆"让妈妈决定离开医院,把自己独自留在这里。

妈妈因为羞愧和愤怒而满脸通红,她把孩子从地上抱起来,带到了走廊里:

"如果你不知道怎么做一个有教养的孩子,那你就坐在这儿吧。"

小马克西姆的妈妈试图安慰这个孩子刚做完腺体手术的妈妈:

"没关系,我们孩子有时候也会乱发脾气。"

孩子很可怜……妈妈也很可怜……她紧张又担心,希望孩子能吃饭,不要空腹吃药。她也很累,很想回家。

这时,走廊里,一位阿姨微笑着拉着一个小朋友走了过来。孩子很安静,眼泪已经干了。阿姨非常自豪,因为她用神奇的教育方法,说服了小宝贝吃东西。

"他答应吃带奶酪的三明治!"这位阿姨面带微笑地说道。她的孩子眉毛那里刚做完手术,缝了几针。

"我儿子不能吃三明治!他只能吃软食!"孩子刚刚做了扁桃体手术的妈妈反驳道,她无法借鉴其他孩子妈妈的教育经验。

小孩又开始哭了。刚刚那个善良、面带微笑的阿姨允许他吃带奶酪的三明治,而凶巴巴的妈妈又不允许了……

那位陌生妈妈本来是好心,但结果却变得更糟糕了……

遗憾的是，这并不是个例。哪怕就在此刻，就在眼前这个医院的餐厅里，也有这种情况发生。听，这是另一位妈妈在训斥孩子：

"赶紧吃完，不然就别出院了！"

我经常带着家中的孩子进出医院，今天带这个，明天带那个，所以总会目睹这样的场景。我甚至有过这样的想法：每个医院都应该制作一份给家长的心理守则，并在入院时让他们签字确认，就像其他规则一样。诸如"病房内禁止使用烧水壶""厕所内禁止吸烟""禁止用扎针威胁孩子"等。

我遵守的守则如下：

○ 孩子住进了医院。于他而言，这是一段艰难的时间，他非常需要成年人的支持。请记住，一定要对孩子有耐心，要温柔。教育可以暂时搁置，现在孩子只需要爱和呵护。

○ 孩子可能不明白发生了什么，不明白为什么他被从家里带了出来，为什么现在需要住在这个被叫作"病房"的地方。不了解情况会引发孩子的诸多恐惧和紧张，请去帮他消除这种紧张感。根据孩子已有的生活经验，可以用他能理解的话语向他解释，这是什么地方，我们为什么来到这里，周围的人都是谁，他们在做什么。一定要让孩子知道，你们什么时候、在什么条件下才能回家。

○ 孩子在医院会接受各种检查、化验和治疗。在每次检查之前，都需要帮孩子进行心理建设，向他解释现在要做什么、为什么要这样做。对一切毫不知情的话，他会感到焦虑。当孩子知道将要发生什么时，他就会更加从容。跟孩子解释得要详细一些，尤其是当他需要面对的是一种全新的体验时。例如，不是简单地说"从静脉抽血进行化验"，而是要说："先用湿棉球擦拭手臂，会有些痒，然后注射，会有一点儿疼，但不会持续太久，你完全可以忍受。这时候，最重要的是手臂不要动，我会帮你扶住手，然后医生会把针拔掉……"

○ 给孩子讲讲自己在童年时住院的经历或者熟人的经历。重点是让他知道，一切都会好起来的。

○ 应该让孩子明白，他做的所有检查都是在妈妈的同意下，为了他好才做的。孩子对妈妈有着基本的信任，不要破坏这种信任，而要以此作为支撑。如果孩子打完针后，妈妈在安慰他时抱怨说"坏阿姨来了，她欺负你，把你弄疼了吧"，那么基本的信任就被破坏了。孩子会认为世界上到处都是坏人，连母亲都无法保护他。同样，不要撒谎，比如，明明很痛，却告诉孩子不痛。这样，孩子会认为妈妈是不可信的。最好诚实地提醒他"会有些痛，但需要忍一忍，然后……"，可以想出一些有趣的事情，答应孩子在检查之后带他去做。这样，孩子会有一部分注意力被转移到即将发生的有趣的事情上。

○ 如果一定要有一些刺激手段的话，最好使用积极的奖励，而不是消极的惩罚。不能是威胁，而是鼓励；不能是惩罚，而是奖励。可以比较一下这两种方式："如果你不吃药，我就拿走你的平板电脑！"和"喝药吧，喝完了让你玩一会儿平板电脑上的游戏，或者我们一起看个动画片。你想选哪个？"虽然二者的本质是一样的，但是表达方式完全不同。

- 严禁使用威胁："你要是不听话，我就离开，让你一个人待在这里"，或者"如果你不听话，我就不爱你了"。无论如何，一定要让孩子感受到爱和支持。

- 积极的情绪有助于康复。因此，努力让孩子开心起来吧，为他想出一个好玩的游戏，经常拥抱和安抚他。发挥一下你的想象力吧，想象一下，回家后可以做哪些有趣的事情来促进孩子康复呢？

- 和孩子交流时，要多鼓励他，表达你对孩子的支持和怜惜。尽量不要批评、责备、威胁、大声训斥或嘲笑孩子，也不要批判孩子的情绪。在这个阶段，他可能更容易哭闹或更具攻击性。不要说："够了，别哭了！"而是要说："我知道，你现在感到悲伤（无聊、疼痛、疲惫等），但是我们需要忍耐一下。我能为你做些什么呢？"

- 不要利用医务人员吓唬孩子。任何教育都不能通过威胁来达到目的："要是你不听妈妈的话，我就叫医生来给你打针！"打针是治疗，而不是惩罚。如果孩子感受到自己周围都是善良的人，他们会感到更舒适，这些医务人员是来帮助他康复的，而不是用打针来惩罚他的。

- 不要在孩子面前批评医务人员，不要对治疗表示怀疑，也不要抱怨条件不好。如果你想向亲人倾诉，可以选择在孩子听不到的时候，以避免增加他们的焦虑感。

医院里的妈妈守则

唉，才刚刚给她洗过澡。
没关系！我再给你洗洗。
不要批评孩子
万一我们需要一直留在这儿呢？
宝贝，我们只在这里待
三个晚上……睡三觉，然后我们就回家。
用孩子能理解的话语来讲解和医院相关的事情
现在医生要在你的手指上涂一些凉凉的药膏，然后刺破手指，并且轻轻按压一下。
用通俗易懂的话讲解每个过程
我小的时候也住过医院，也很害怕打针……
讲讲自己童年时的经历
这是我们的医生，他一定能帮助我们打败病毒。
建立对医生的信任
你把这些药喝光，我给你的农场买个新的恐龙。
创造积极的促进因素
就算你大喊大叫，我还是会一样爱你。
永远不要用“不爱”来威胁
让我们造一个小屋吧，就好像我们在森林里一样。
努力让孩子开心起来
我明白，你现在很难过……或许，你想去荡秋千。
接纳孩子的任何情绪
现在医生就过来，看谁乱跑就给谁打针。
宝贝，别乱跑，你影响了其他孩子睡觉。
即便很想，也永远不要用医护人员去吓唬孩子
天哪！不能这样……太不熟练了。
宝贝，稍微忍耐一会儿。
不要去批评工作人员，即使您是对的
现在我们把让你生病的细菌抓住，然后把它赶走。
创作的东西越多，距离康复就越近
怎么能愉悦自己呢？看电视？吃巧克力？美美地舞上一曲？……
只要一有空闲就马上自我充电

○ 创作能帮助孩子度过艰难的时刻。因此，如果在孩子生病的这些日子里，你能和他一起做雕塑、一起画画，那就太棒了。

还有一件很重要的事情，但这件事和孩子无关。那就是一定要寻找到让自己保持良好心态的方式。多问问自己："怎样可以让自己开心一些呢？"

我不知道什么能让你开心。但我可以告诉你，什么会让我开心，以及在医院期间我是如何保持心态的：我会让探望我的人给我带些好吃的东西（可以在孩子看不见的时候吃。孩子有严格的饮食要求，但我可以吃。如果没有其他客观原因，只是为了与孩子保持一致而拒绝美食，这可不是个好主意。哪怕为了孩子，妈妈也需要保持自己的状态）；我会要求下载有趣的电影，而不是一直看动画片；我会听我喜欢的音乐和有声书；我喜欢玩数独，这样至少能暂时把焦虑的思绪转移到解题上；我还喜欢用彩笔在笔记本上画曼陀罗的图案，简单的图案环绕在一起，其韵律感就能让人平静下来。

当孩子紧张了

当地新闻频道有时会邀请我对他们报道的情况发表评论。有一次，他们请我去评论公园里的一个突发事件：摩天轮出现了故障，一位妈妈和三岁的孩子被困在座舱里半小时，直到摩天轮重新启动才获救。媒体从这位年轻妈妈那里得知了这个情况,孩子妈妈报了警,这件事引起了很大的反响,她还向法庭提出精神赔偿和对孩子进行心理创伤治疗的申请。

尽管我很同情这位妈妈,但是孩子遭受的心理创伤不是游乐场的员工造成的,而是她造成的,是她的反应导致的。心理创伤是某件事超出了理解能力而导致的。我们会琢磨:"到底发生了什么事?怎么可能会这样呢?现在我们该怎么办?"但**如果能用恰当的表述来解释刚刚发生的事情,孩子就不会留下心理创伤**。妈妈在那种情况下自己也受到了惊吓,她非常害怕。为了孩子,也

为了自己，她开始慌张地打电话，叫警察，这更增加了孩子的恐惧感。在她与公园管理人员争吵时，孩子听到了，看到了妈妈的状态，害怕得大声哭泣。

为了便于对比，我可以再举一个例子。爸爸和三岁的孩子也被困在一个地方长达半小时，只不过这不是摩天轮，还可以欣赏城市的美景，而是熄了灯的电梯。在一片漆黑中，爸爸蹲在地上给孩子讲童话故事，玩影子游戏，逗女儿开心。他的左手举着手机照亮，而右手则一会儿变成兔子，一会儿变成狗和天鹅，一会儿又变成鳄鱼，直到手机的手电筒没电。后来，女儿对这件事记忆犹新，把它当作一次奇妙的冒险。这件事没有对孩子造成任何伤害。

如果你也遇到类似的情况，第一件要做的事就是打电话，或者最好是发信息（以免孩子听到这些紧急情况）给一个你信任的人，委托他与维修和救援服务人员进行交涉。外边的人知道了你的情况，不会不管你，而是会尽一切可能解决技术故障，尽快将你们带出来。这足以让你把解救的任务转交给其他人，平息自己的焦虑，并将所有精力都用在孩子身上。可以简短地向孩子解释发生了什么，然后继续陪他玩。比如说，可以这样解释："出了一些小问题，轮子暂时不转了，但很快就会修好的，到时候我们再下去。我们还是挺幸运的，可以在这上面多待一会儿。如果我们没有停下来，可能就来不及看到所有的东西。咱们看看，我们的家在哪里？那边有个马戏团，还记得我们一起去看过马戏吗？"

面对压力时，成年人要尽量保持冷静，这样孩子才不会着急。我们需要"冻结"自己的个人情绪，暂时把它们放在一边，我称这种状态为"稳如泰山"。有时，我们只能以这种状态坚持很短的一段时间，但这也不失为一种应对突发状况的好办法。只有在问题解决之后，待孩子的情绪稳定下来，才可以将他交给其他亲人照顾，并释放出自己的情绪。那位电梯里的父亲，在将女儿交给妻子后，独自一人买了啤酒，努力去恢复自己的心态。睡觉前，他还在给妻子讲述他所经历的事情："我一直在想，怎么能不让她哭，只要她不哭就行。我和她开玩笑，逗她开心，我心想如果她大哭，我会无法承受，我应付不了。"但他成功了。

不说话也能表达爱

有时候，我们需要给孩子一些支持，但是此刻言语并不适用。在这种情况下，可以使用一些非语言的表达。

有一次，我和孩子约定，每当我握着他的手，紧紧地捏三次，这意味着"我爱你"。有一段时间，我们特别爱玩这个秘密信号的游戏，后来我发现，这是一件很棒的事情。还有其他几个秘密信号，但它们很快被遗忘了，只有这个信号一直陪伴了我们多年。

儿子三岁了。一次在赶去幼儿园的路上，时间很紧，我们站在十字路口等待绿灯，周围很嘈杂。汽车向我们周围的各个方向行驶，因为头顶是一座六车道的高架桥。在这段路上，我们基本没有说话，因为想要听到对方的话必须大声喊才行。我们不想大声尖叫，也不想那么紧张。我和孩子都很困，非常想睡觉。孩子迷迷糊糊，眉头紧锁，很不开心。一、二、三，我紧紧握了他的手三下，他仿佛从半睡半醒的状态中醒来，抬起头看着我笑了。

我们互相理解了彼此。我们之间这个温暖的小秘密,驱散了那天早上的阴霾。

* * *

儿子四岁了。有一次因为在商店没有给他买某样东西,孩子生我气了:"你自己买了这么多东西。"当然,牛奶、鸡蛋、酸奶、面粉、通心粉都是妈妈专门给自己买的。他皱起了眉头,不说话,走到一边。但是有一条规矩,即使在争吵时也要遵守:过马路时,要拉着妈妈的手。我伸出手,他勉强地握住,然后故意转过身去。一、二、三,握三次手。孩子转过身来,他依然生气、委屈、不愿意说话,但是他的目光变得温暖了。一、二、三,现在是儿子握我的手。周围有很多路人,没人猜到我们刚刚提醒了彼此,我们爱着对方。我们有自己的秘密。

* * *

儿子五岁了。在医院的诊室里,医生结束了检查,正在写病历。孩子看起来很困惑,或许是因为正发着烧,他似乎无法理解自己被带到这里的原因和目的。我想安慰他,但又找不到恰当的语言,也不想打破接诊室里的安静。但是,我可以握住儿子的手:一、二、三。他抬起眼睛看着我,点了点头——我们有了交流,有了一个共同的秘密,我们待在一起,共同应对一切。

＊　＊　＊

儿子六岁了。我去参加了幼儿园毕业典礼。儿子长得真快啊，我心里充满了涌动的情感。有那么多话想对他说，但他不会听，他会感到害羞，因为朋友们都在旁边，女孩子们还穿着漂亮的裙子。我叫他："过来一下。"他跑过来，真的只是一下——为了传达情感，我只需要盯着他的眼睛，握住他的手，捏三下。他又跑回朋友那里，眼里洋溢着幸福。

＊＊＊

儿子七岁了。上小学一年级。他第一次被找家长：因为在课间跑来跑去；因为推了科里亚；因为外表不够整洁；因为写字时不够努力；因为上课时容易分心，而且没带教科书，却带了一本课外书来。老师让我想想解决的办法。

我想立即采取一些能够拯救孩子的措施。他看起来很沮丧，弯着腰，低着头。当着母亲的面被批评是令人非常不愉快的，更不用说在全班同学面前了。我站在他身边，离他很近，我可以轻轻地触摸他的手，而不会引起老师的注意。我悄悄地握住他的手，捏了三下。他的肩膀一下子挺直了，抬起了头，眼神也明亮起来，我很开心。当然，我们回家后还会讨论在哪里可以跑步，什么时候可以阅读，以及怎样处理与科里亚的小矛盾。但现在，他最需要的是支持。很好，我可以无声地支持他，因为我们有一个共同的秘密。

以孩子的速度生活

我们去幼儿园需要半个小时，从幼儿园回来却要一个半小时。路线是一样的，就是速度不同……

早上，我们按照妈妈的速度疾驰。一路上都匆匆忙忙——计算时间，规划路线，跑步前行。没工夫分心、玩、聊天，甚至连说话的时间都没有。早晨的城市，一片喧闹和忙碌，想要听清孩子说什么，就必须停下来，把身子弯到他嘴巴的高度才能听见，而这就意味着降低速度，浪费了时间。我紧紧拉着他的手，因为他一个人走会慢很多。我们飞奔向幼儿园，萨沙已经习惯了妈妈的速度，他习惯了默默地、不吵不闹地赶到幼儿园。他知道，一切都很公平，因为回家的路上我们会以萨沙的速度前进。

用萨沙的速度，那么就意味着：他要边回家，边观察落在蒲公英上的蝴蝶，还要观察蚂蚁如何攻击人行道上的毛毛虫，以及在城市的草坪上突然长出的野蘑菇；他会一边走，一边踢落在地上的烂苹果；还会用下的第一场雪堆出一个又矮又瘦、脏兮兮的雪人；萨沙还喜欢观察停车场上不太常见的汽车标志；等等。没有妈妈拉着他手的时候，孩子能发现许多新鲜事物。

有一天，我去幼儿园接萨沙，发现他正在沙坑里玩。他兴高采烈地向我显摆一块大石头，并用双手紧紧地抱着它，因为石头非常重。

"妈妈，你知道吗？我们挖了好久，才找到了这个宝藏！看，我们挖到了什么宝贝！"

我用手掂了掂这块宝贝的重量，好像有一公斤重……

"真是巨大啊！你们挖了很久吗？"

"是的！真的挖了好久好久！"

萨沙得意地拿着这个珍贵的"战利品"向老师走去——准备要回家了。

"你要把这个大石头带回家吗？"老师困惑地问道。

"当然了。难道还有其他办法吗？可不是每天都能发现宝藏的。"

很快，萨沙又发现了一根棍子，这根棍子又长又粗，握在手里很方便。任何一个正常的男孩子都不会错过这样的棍子的。这可真是个两难的选择：石头太大了，一只手拿不住；但如果两只手都抱着石头，就没法拿棍子了。

萨沙把石头放在路边，用棍子量了量水坑的深度，然后拿它敲了敲铁栅栏，又撑着棍子蹦来蹦去，玩了一会儿。

随后，萨沙放下棍子，拿起了石头，脸上带着思考的表情，好像在倾听内心的声音。他是已经玩够棍子，准备不要了吗？并不是。他把石头放在腋下，用前臂夹着。

当萨沙弯腰捡棍子时，石头掉了。经过几次尝试，孩子终于成功地同时拿起了石头和棍子，只是棍子歪歪斜斜地夹在手臂上，随时可能滑落。

我忍住了，没有帮孩子捡起石头。这是他自己的决定、自己的选择，他要自己承担。他应该学会放弃自己承受不了的东西。我只是在过马路的时候，帮他扶着棍子，以防棍子掉了会造成复杂的交通情况——如果棍子掉了，萨沙肯定想要捡起来，但手里还拿着石头，这确实不太容易实现……

接着萨沙又发现了一群鸽子，它们正在餐馆门前的喷泉里洗澡。萨沙把石头和棍子都放在地上，然后讽刺地说道："建筑工人以为自己在建造喷泉，结果喷泉却变成了鸽子的浴缸！"

他又兴奋地大喊："看，这些鸽子真好笑！"

我试图理解萨沙在那些鸽子身上看到了什么有趣的事情。"好笑的鸽子"指的是已经长大的小鸟。它们比成年鸟略小些,更活泼,脖子更细。我向萨沙解释说,它们既不是小鸟,也不是大鸟。

"啊!我明白了!它们像哥哥阿尔谢尼!"萨沙煞有介事地说。

"是的,青少年鸟。"我很高兴,萨沙的思维中有进行类比的意识了。

最后,我们带着"战利品"——一块石头和一根棍子回家了。这次回家花了一小时四十分钟,但这是我用孩子的速度度过的宝贵时光。

晚餐是意大利面,这是路上玩了太久的代价。本来可以花半个小时飞奔回家,然后在厨房里花一小时做一道复杂的菜。遗憾的是,一天只有二十四小时,没有更多时间了。优先做哪件事情和如何安排时间是个人的选择,我选择悠闲地散步和简单的晚餐。因为以后我还会有时间去做复杂的菜,而孩子的童年是无法重来的一段时光。

* * *

随着孩子的年龄不断增长,他们变得越来越忙。上课、参加课外活动、训练、参观……

白天,雪融化成一摊摊水,填满了道路上的坑洼。而夜晚,坑洼被薄薄的冰层覆盖,踩上去会发出令人愉悦的嘎吱声和脆脆的碎裂声。我们正朝学校走去,我刚上一年级的孩子一路上都在

踩结了冰的水洼玩。而我不停地督促他：

"快点儿，萨沙！回来的路上你可以在冰上玩！"

萨沙平静地回答道：

"回来的时候冰已经融化了。"

确实，你也无法反驳……五节课和四个课间，太阳有足够的时间融化冰雪。

"明天我们早点儿出门吧，明天你再玩冰。"我找到了另一个可以加快速度的理由。

"明天未必会有冰。"萨沙不给我加快脚步的机会，虽然他的声音并不大……

事实上，上学并不受天气影响。不管天气如何，学校都要再开两个月。而脆弱的冰洼，可能只有现在才有……四月初的冰洼是无可替代的，这就是我们需要知道的关于优先级的问题。我家一年级的小学生给我上了最简单的一课，谁懂得了生活，就不会再匆匆忙忙……

我有选择权：我可以硬拉着孩子的手，快步带他去学校；也可以用脚踩一踩冻住的水坑，享受冰层咯吱作响的声音。

总之，你懂的，我选择了踩碎水坑上的冰层……我开始兴致勃勃地踩碎它们。很快，沿途的冰层都被我们踩碎了，孩子带着一种成就感愉快地跑去学校——居然没有迟到。

第二天早上下起了雨。有些东西错过了是无法弥补的，萨沙说对了。

* * *

有一次，我从一个妈妈那里听到这样一句话："我无法和这些孩子一起生活。"她的意思是，因为太忙，她没有时间做自己想做的事情。这是关于无法正确分配时间的问题，但现在不是讨论这个的时候。我对"我无法和这些孩子一起生活"这句话感到困惑，因为我自己的感受和她完全相反。我可以和孩子们一起生活，我有时间去踩冰洼，欣赏天空的颜色，闻一闻街道上的气味，观察一下鸽子、知更鸟、甲虫和狗。我可以开心地欣赏普普通通的事物，也能被其感动，仿佛在重新认识这个世界一样。我有时间意识到生活是美好的。**如果不催促孩子，我们可以享受到更多的乐趣。所以，请至少，偶尔放慢脚步。**

第三章

妈妈和其他人
与世界和谐相处

通过其他人的眼睛看问题

有时，幼儿园里的时光真的很静谧：所有的孩子都在睡觉，也没有什么教学会议。这时候，我会和同事们一起喝茶。这是一种特别的享受：我们坐在游戏区和休息区之间的过道上，并不是随便喝点儿传统的果汁，而是自己泡茶，慢慢细品，再讨论一些与工作无关的私人话题。

"阿尼娅，准备好茶壶了吗？"

"准备好了！"她往衣帽间里看了一眼，回答道。

为安全起见，班里的所有插座都被设置在高处，以免孩子们碰到。因此唯一可以插电烧水壶（电源线很短）的地方就是更衣室里的高柜子上。（电烧水壶用后要藏起来，因为禁止使用。）

"哦，我放好壶了，但还没通电。"阿尼娅笑着说，然后走进衣帽间，打开了电烧水壶。

"你怎么知道没有通电？"

"壶上的显示灯不亮。"

"阿尼娅，茶壶上的灯已经五年没亮过了。"

"怎么会不亮？它一直都亮着！侧边是绿色的。"

"阿尼娅，那里是有个灯，但确实不亮，五年前就烧坏了。"

这个电烧水壶是我的，所以我很清楚。

"你在说什么呀？昨天我还用过这个壶，灯是亮着的。难道你认为我出现幻觉了吗？"

"不知道，但是我们俩中间肯定有人出现幻觉了，电烧水壶的反应不会因人而异，用绿灯泡眨眼睛。"

"看吧！亮着的！你自己看一下！"

我看到灯确实亮着，很困惑。她得意地看着我，我看着茶壶。我突然明白了这个魔术的秘密。

"阿尼娅，你是左撇子！而我是右撇子！"

"这和绿色显示灯有什么关系呢？"

"我用右手放壶更方便，茶壶的把手就朝右边。而你用左手更方便，所以茶壶的把手就朝左边，因此，我们可以看到茶壶不同的两面。从你那边看，灯亮着！而从我这边看（我把茶壶转了个方向），灯不亮。"（我甚至不知道，壶另一边也有指示灯。）

在不同生活经历的影响下，我们形成了不同的对世界的认知。在我的认知中，茶壶上的灯烧坏了，而在阿尼娅的认知中却没有。这不仅关乎这个指示灯，还包括其他的一切。**所有的差异都源于人们对事物的不同理解。**解决差异的方法是努力理解他人的看法，并试图向他人解释自己的想法。

* * *

有一种练习叫作"三种立场"。它可以帮助我们在发生冲突时，从他人的角度看待事物。为方便起见，可以准备三张纸，在上面写上数字一、二、三，分别代表三种立场。首先，站在一号纸上，回忆一下冲突产生的情境，回想一下自己当时的想法、感受和诉求。然后站到第二张纸上，从另一个冲突参与者的角度出发，尽力想象他的思维、感受和诉求，理解他的想法。然后站在第三种立场上，即旁观者的角度，以客观的、不带任何情绪的、不予评价的方式来看待这个情境，只看客观事实。为了完成这个练习，通常会引入一个没有情感和价值判断的非人类的角色，例如，天花板上的苍蝇或聪明的猫头鹰。从苍蝇的持中立场出发，更容易找到一个让双方都满意的解决方案。

在具体实践中，我记得有这样一个场景：一位女士在处理与同事的矛盾时，始终不愿意站在代表对方立场的第二张纸上。她在纸的周围徘徊，并说道："我完全不理解，不知道她在想什么，我不知道该怎么做。"当她被要求"只是站在那张纸上"时，她又开始指责同事，并离那张纸越来越远——她是如此抗拒。但当她最终站在第二张纸上时，开始对第一种立场，也就是她自己的立场进行谴责。之后，这位女士松了一口气，说："现在我明白了，为什么我的同事会这样做。"对他人的理解不仅减少了负面情绪，并且有助于寻找解决办法。

* * *

还有一个例子：

一位女性从第一种立场的角度进行阐释：

"我着急去上班，马上要迟到了，所以催促女儿，想快点儿把她抱起来，但她开始闹情绪，这让我非常生气。她既不自己走，也不让我抱。"

从第二种立场，也就是女儿的角度进行解读：

"我们出去玩。周围的一切都那么有趣。这里有鸽子、花朵，我想去摸一下。但妈妈拉着我的手，不让我摸。然后有一张五彩斑斓的糖纸飘在空中，我想抓住它，妈妈却抱起了我。但我就想抓住那张糖纸，妈妈很碍事。"

从第三种立场，即树上乌鸦的角度进行思考：

"一个女人带着小孩子走在路上。女人很着急，她赶着去上班。而孩子想要探索周围的世界，周围的一切都深深吸引着她。"

树上的乌鸦提出了这样的建议：

"女士，你可以早点儿出门，这样孩子在路上就有时间观察一切，或者你也可以开车送孩子去幼儿园。"

* * *

现在是另一个女人和另一种情况所处的第一立场。

"早上，要送孩子们去幼儿园。离出门还有几分钟，我催促着孩子们，但他们好像听不见我说话一样，一个在撸猫，另一个在床底下爬来爬去。我生气了，越来越大声地重复着：'快点儿穿衣服！我们要出门了！'但孩子们无动于衷。"

从孩子的角度来看：

"哦，小猫跑来了，露出肚皮等着我去摸，必须摸摸它呀！我的机器人又去哪里啦？我想带着机器人一起走。它可能掉床底下了。"

从第三种中立立场来看：

"妈妈要准时送孩子们去幼儿园，因此她想早点儿出门，但孩子们还没有穿好衣服。怎么解决呢？帮助孩子找到他的机器人，把猫抱走，同时让自己冷静下来。"

* * *

从第一立场，即妻子的角度来看：

"孩子很快就睡着了，比平时早一些。终于有时间可以和丈夫一起看电影了，但他却玩上了电脑游戏，完全不理我。我感到很伤心。"

从第二立场，即丈夫的角度来看：

"我和朋友约好一起上线打游戏。正在玩的时候，妻子过来了。她看了我一眼，生气地走进了另一个房间。我不能立即追上去，因为游戏不能中断，我也不能让和我一队的其他玩家失望。"

从第三立场来看：

"夫妻两人都需要休息。丈夫决定趁妻子哄孩子入睡时放松一下，玩会儿电脑游戏。哄孩子入睡是一个漫长的过程，但今天孩子很快就睡着了。妻子立即调整了晚上的计划，但计划落空了，她感到很生气。妻子不知道丈夫约好了打游戏，丈夫不知道妻子想看电影。结论是：最好提前告知对方自己的计划和期待。"

* * *

站在第一立场的女士：

"多美好的早晨啊！我们现在一起去看印象派画家的展览，然后去海边散步。今天天气很好，拍照会非常漂亮。嘿，起床！快点儿起床！……唉，他们只会睡觉。

"喊到了第五次，才把家人们叫起来吃早餐，我感到很烦躁。丈夫却告诉我他要去上班。孩子们又在一旁抱怨，吵闹。周末太不顺利了，真让人生气……"

站在第二立场的其他家人们。
丈夫：
"我就想睡个懒觉，然后去上班，把工作做完。结果懒觉没睡成，妻子又因为看展览的事生气了。就好像我工作不是为了他们一样！难道我愿意在休息日去上班吗？但是……"

儿子：

"妈妈又想出了什么主意？我真受不了这些展览，还得因此早起。我为什么要去一个我不感兴趣的地方？"

女儿：

"我不想吃煎蛋。如果答应我之后去比萨店，我就同意去看展。"

站在第三立场的天花板上的苍蝇看着这一切，心想：

"女人根据自己的兴趣制订了周末计划。她没有提前告知家人，认为其他人也会兴高采烈地接受这个主意。但是没有人支持她，这很正常。每个人都有自己的兴趣和计划。如果她就是想去看这个展览，那可以趁大家在睡觉时自己去。如果她想和家人共度周末，那就要考虑到每个人的兴趣，提前讨论各种方案。当然，如果丈夫打算在周末加班，最好也提前告知妻子自己的计划。"

为了培养从他人角度思考问题的能力，建议每天从这三个不同视角看待事物，哪怕并不是什么会发生冲突的事情。

理解不同立场和需求

当每个当事人都坚持自己的立场和观点,并且不愿意放弃的时候,矛盾就产生了。但是每种立场背后都隐藏着某种需求,如果能理解这个需求并予以满足,就可以避免冲突。

有一天,四岁的萨沙告诉我,他不想去幼儿园。"不想去幼儿园"是一方立场;"不,你必须去!"这是另一方立场(因为我要去上班)。我们谁都无法妥协。从各自立场出发,是无法解决冲突的,我们需要了解彼此的需求。

"小萨沙,你为什么想待在家里呢?"

前一天晚上,萨沙用橡皮泥捏了一些恐龙蛋,并在枕头上给它们做了窝。我忍着没发脾气,并提前给萨沙准备了另一个枕头,免得早上还要清理他头发里的橡皮泥。但早上萨沙拒绝去幼儿园,他的理由很充分:"万一恐龙宝宝孵化了,我不在旁边怎么办?"哥哥阿尔谢尼对此表达疑问:"妈妈,他这样正常吗?""当然了,很正常。你在这个年龄的时候,担心留在幼儿园的玩具车没有你陪伴会哭泣。你为此号啕大哭,我们后来只能去拿回了那辆车。"

我从玩具箱里拿出一只恐龙,兴致勃勃地提议让它当小恐龙们的保姆,以防它们突然孵化出来。萨沙惊讶地睁大了眼睛,我不知道他是因为担心,还是因为妈妈的愚蠢而惊讶。

"你疯了吗?它是肉食性动物!会吃掉小恐龙的!"

我意识到,如果我现在找不到植食性恐龙,那么迟到的概率就很大……

新保姆安排好了。萨沙给食草的长颈鹿讲解如何照顾新生的小恐龙，然后满怀责任感地去了幼儿园。以防万一，他还带走了肉食性恐龙。我没有对他使用任何暴力，只是确保了新生恐龙宝宝的安全。虽然对成年人而言，这个需求很奇怪。

* * *

"我不想去学校！"

"不行，你要去！"

"我要躲在浴室里，不去学校！"

"爸爸会把门打开的！你还是得去学校！"

即便是亲密的人也会在立场上产生冲突。但如果我们从需求层面出发去考虑问题呢？

"你是完全不想去学校，还是只是今天不想去？"

"只是今天不想去。拜托了！我明天会去的。"

"为什么非要今天逃学呢？这对你有什么好处吗？"

"今天有体育课，我讨厌学滑冰。我学不会，摔倒后大家都会笑话我。"

这个诉求可以理解，也没必要砸门。妈妈和女儿不再站在对立面，她们拥抱在一起，讨论可行的解决方法。妈妈讲述了自己的想法，希望避免因逃学产生的不愉快。

"你只是不想上体育课对吧？那我给老师写个假条。晚上我们一起去溜冰，多练习练习，就不会摔倒了。"

* * *

"安娜，如果孩子不愿意去训练怎么办？教练说他很有潜力，但孩子却很抵触。要强迫他去吗？还是要顺从他的意愿？如果他将来后悔了怎么办？"

强迫他去，还是允许他放弃训练，这又是一个立场层面的问题。事情还没有搞清楚。孩子突然决定不再参加之前很喜欢的训练，肯定是有原因的。在孩子看来，只有放弃训练才能满足他的某种诉求。如果弄清楚了状况，成年人也许会想出其他解决方案来满足孩子的诉求，这样就不用放弃训练了。

以下是我朋友的妹妹的故事。这个女孩子宣布再也不去音乐学校了，她把装着乐谱的包扔在角落里，说道：

"我再也不去那里了，结束了！"

"你怎么可以不去？"妈妈生气地说。然后她开始讲述学音乐的重要性，并训斥女儿说："咱们花了多少心血呀！"

我的朋友问她妹妹：

"这是怎么回事？为什么这么突然呢？"

原来是女孩子有一个自己的小需求。白天，播放了一部有趣的青少年电视剧，班里所有女生都看了，还在课间休息时讨论剧情，没看过的同学就成了局外人。怎么做才能不成为局外人呢？那就要看这部电视剧。但电视剧的播放时间刚好和音乐课的时间重叠了，除了不上音乐课，女孩子想不出更好的办法。她有和同学交往的需求，因此必须"了解剧情"。怎么能既满足这种需求又不用放弃音乐呢？办法当然是有的。那段时间，我朋友用录像机录下了电视剧，然后简单地向妹妹讲述了主要剧情。电视剧结束了，但小姑娘的音乐之路仍在继续。

***

类似的事情不仅会发生在孩子身上，成年人也经常陷入"因不了解对方的需求而固执己见"的窘境。

妻子说道："咱们把衣柜挪一下！"

丈夫回答："我不想挪。"

"怎么，挪一下衣柜就这么费劲吗？"

"别再拿你的衣柜来烦我了！"

如果每个人都始终坚持自己的意见，那么冲突就无法解决。我们需要了解彼此的需求，这样就会有完全不同的对话。

"我现在的生活非常单调。睡觉、吃饭、散步，睡觉、吃饭、散步……没有任何变化。每天都宅在家里，周围环境也没有变化。但我天生渴望新鲜感，否则情绪就会很低落，整个人萎靡不振。我就想挪动一下家具，哪怕是把这个柜子挪动一下也好啊。"

"我现在的生活非常紧张，工作上的压力持续不断。单位管理层有变动，要求也随之变化了很多，我非常疲惫，渴望安定和宁静，也希望能稳定一些，至少让家里的一切都保持原状。"

这是一次婚姻治疗中的真实案例。谁都明白，这对夫妇来找心理咨询师并不是因为衣柜的问题，他们之间还有许多其他争议和矛盾冲突点。

* * *

"给孩子洗洗鼻子！"

"我不洗！"

"为什么每次都是我做这件事？"

"因为你是母亲啊！"

"那你还是父亲呢！"

如果你认为，一旦爸爸同意给孩子洗鼻子，冲突就会立刻解决，那你就大错特错了。爸爸说："行，我来洗！"但妈妈又忍不住插手，新一轮的烦恼又出现了："你做得都不对！"因为此时，她真正需要的并不是让别人给孩子洗鼻子，而是让她的丈夫——对她而言最重要的人，承认她的价值，并用类似这样的话来称赞她："你为咱们的家和孩子付出了这么多，你真了不起。"如果每天都能说类似的话，那么就不用去"挪柜子"。

* * *

还有一个例子。萨沙的脚长得很快，要给他买新的凉鞋了。但他只喜欢黄色的凉鞋，不想要其他颜色。制造商可能没有想过，四岁的小男孩儿会喜欢黄色凉鞋。所以，我们逛了三家童鞋店，仍一无所获……

在每家鞋店里，萨沙都满怀希望地问售货员："你们有黄色的凉鞋吗？"售货员诚实、简短并冷淡地回答"没有"，萨沙就迅速转向另一家店。有一点好处是,这个购物中心里所有的儿童商店都聚在一起。我越发肯定心中的猜测:想买到黄色凉鞋是不可能的。

到了第五家商店,售货员问道:"我能为你做点儿什么?"她蹲下来,平视着萨沙的眼睛,细心倾听他的诉求。我扫视了一下商店的货架,并没有看到黄色的凉鞋。但售货员并不是直接说"没有",而是以尊重的态度开始了对话:

"你非常想要黄色的凉鞋吗?"

"是的。"萨沙肯定地点头,对于别人倾听他的需求感到很满足。

"那为什么凉鞋必须要黄色的呢?"售货员很感兴趣地问道。

瞧!要先把需求解释清楚!

"因为黄色是最快的!"

售货员并没有质疑萨沙的论断是否合理:

"你知道吗?我可以为你提供我们店里最快的凉鞋。不过,它们并不是黄色的。但它们的鞋底上有一条黄色的条纹,也能提高跑步速度,你想试试吗?"

哦,真是太神奇了!萨沙同意试一下蓝色的凉鞋!

穿上蓝色凉鞋后,萨沙在商店里跑了几圈。

回到售货员那里,他以专家的口气满意地说道:"是的,这双鞋相当快。"

"需要给你包起来吗?"

"当然!"

销售的常规做法是：先了解顾客的需求，并展示现有商品如何满足这个需求。这是销售培训中所有销售员都学过的，但唯有最后一家商店的可爱女孩子成功地把鞋卖给了萨沙。其他销售员要么不愿将他们的专业知识传达给孩子，要么根本就不具备这种专业知识。在"我要买黄色凉鞋"的立场背后是"想要跑得快"的需求。了解需求会极大地促进沟通，让交流更轻松，这不仅适用于儿童，也适用于其他人。

* * *

有一个女孩子，叫斯维塔，她经常被婆婆批评。婆婆总是委婉地暗示，她不是个合格的家庭主妇。婆婆尤其喜欢批评斯维塔的厨艺，尽管有时候听起来不像是批评，因为婆婆会把批评的话语包装成赞美之词。

"好吃，斯维塔。真的，今天的饭很美味，酱汁非常成功，有了它，做什么菜都好吃。顺便说一句，这种酱我自己也会做。"

斯维塔花了好几个小时做这道菜，但酱汁是买来的。

斯维塔花费了很多精力来证明她也能把饭做得很好。丈夫赞扬婆婆做的菜，对斯维塔来说是一种深深的冒犯。但丈夫很不理解："确实好吃，为什么不能夸呢？"

当斯维塔坚持"我要证明我会做饭"的立场时，婆婆却始终坚持"我总是做得更好"的立场，局面没有丝毫改变。

有一天，斯维塔厌倦了这种对比，她开始思考：为什么婆婆要批评她呢？背后有什么诉求？婆婆想要的到底是什么？难道是想在儿子家里立下什么特殊的规矩，或者期待一顿特别美味的菜肴？而通常真实情况是，人们需要被认可。通过批评、贬低他人，人会产生一种错觉，即自己高人一等。但是如果夸奖这样的人（对他们说"你很棒"），给予他们支持和肯定，那么他们就不再需要贬低和批评他人了。

斯维塔不再试图证明自己的厨艺不比婆婆差。她承认婆婆做饭更好吃，开始赞美婆婆的厨艺。她特意打电话询问如何制作某道菜（并不是为了真的去做，而是为了让婆婆获得成就感），还记下了婆婆的菜谱——但仍然按照自己的方式做饭。但是她都记录下来了，因为她看到婆婆在教她时是多么开心，好像这是自我实现的高光时刻。

过了一段时间，婆婆不再批评斯维塔，并庄重地把自己的烹饪书籍赠送给她。一年后，当斯维塔在厨房碰到了妯娌，也就是小叔子的妻子时，婆婆这样说道："没关系，卡佳，斯维塔学会了做饭，你也一定能学会。"

当婆婆希望被认可的需求得到满足时，她就没有必要批评别人了。斯维塔给予了婆婆这种认可。她自己并没有因此失去什么，反而获得了一丝安宁。

批评

思考一下，当你遇到批评或指责时，你的情绪如何？不需要理性思考，也不需要考虑批评的形式，以及它是否公正，只是简单地想想，当你遭到批评或责备后的第一反应是什么，只需要考虑最初的瞬间反应。在这一刻，你是什么感受？有什么冲动的想法？（注意！突发的念头可能与实际行为大相径庭，这个问题主要是关于内心的冲动和欲望，而不是真实的行动。例如，一个人的突发念头可能是"我想往批评我的上司身上扔东西"，而实际行为可能是"谢谢，我会考虑这些建议"。）

很遗憾，在书中我无法听到你的回答。因此，我将基于之前从人们那里听到的答案做出回复。对于批评和指责，人们通常会有一种负面的即时反应——愤怒，反击，抗议，委屈。

悖论：当我们批评或责备他人时，期望对方能够听进去，并改善自己的行为。但对方往往会产生抗议、愤怒等自发反应。也就是说，他们的行为会变得更糟糕。你是否有注意到，孩子也有这样的反应？比如，在他写字时，妈妈看到他使劲用力，就出于好意（确实是为孩子好）提醒他："把本子转过来，写起来更方便。抬起头来！把背挺直，你怎么弯腰驼背像个老人一样？别那么用力按笔。"但是孩子却不接受这些善意。他不仅不感谢妈妈，还扔掉笔，开始发脾气，干脆不写了。妈妈也生气了："那我就不管你了！"然后走进厨房准备饭菜。妈妈人在厨房削土豆，思绪却留在了房间里，担心孩子能否完成作业。就在这时，她的丈

夫——孩子的父亲也参与进来，当然也是出于好心。但他不是去管孩子写字，而是跑到了厨房："你应该早点儿把水煮上，它会烧开得更快一些。把土豆切小一些，会熟得更快，汤也更好喝。你为什么要在菜板上切土豆？可以直接拿着切。"然而，丈夫并不明白，为什么妻子听了他的话后非但没有变得更好，反而更加愤怒。她随手把刀扔进了水槽里，还冲他喊："既然你这么聪明，那你自己做饭吧！"

除了得到与期望不符的回应之外，还可能出现情绪传染的情况，这种状况在人面对批评、想要以牙还牙的时候就会出现。丈夫大声喊叫并挥舞着手臂："你总是这样！不管跟你说什么，你的回答总是同一个：'不喜欢就自己去做！'"

我不知道在家庭生活中如何完全避免指责。但是，请尽量少批评，努力确保每天批评、指责、评论、不满意的次数不超过正面沟通的次数。批评不会让我们变得更好，只会让我们变得脆弱或具有攻击性。

我预料到会有这样的问题："我们不能总是去夸奖，尤其在需要批评的时候！我们要培养对批评的免疫力！"

免疫力并不是通过主动暴露给病毒来增强的，而是通过摄取维生素、晒太阳、多散步和保持良好心情来滋养的。当一切都很顺利，并相信免疫系统足够强大时，人们才会接种疫苗。

如果将这个类比用在批评上，那么只有当亲近的人具有良好的自我评价，充满自信，在自身价值和正确性方面有强大的免疫力时，才可以安全地将"批评"作为疫苗，给他接种。如果孩子在练字时处于一种"我很棒，大家都喜欢我，我做得很好"的状态，而妈妈只有一个建议"挺直背"，那么孩子就不会情绪崩溃。

你的家庭在心理上有多强的免疫力？家庭成员接收到的更多的是维生素，还是致病的微生物？维生素是积极的沟通，即赞美、感谢、承认其价值、表达爱意，而致病的微生物是消极的沟通，是批评、指责和贬低。

可以进行以下练习。在一周的时间里，每天都跟你希望与之改善关系的人进行交流，并计算出其中积极沟通和消极沟通的次数。例如：如果只是说"去吃午饭吧"，那么这是一个没有任何情感的中性句子；如果说"我们一起去吃午饭吧，我亲爱的宝贝孩子"，这就是一种积极沟通；如果说"去吃饭！已经说了多少遍了！你的耳朵聋了吗！"，这就是一种消极沟通。计算一天内你对某人说了多少次积极和消极的话语，但要注意只针对一个人进行计数，否则结果会受到干扰。比如，虽然积极沟通和消极沟通的次数相等，但可能会出现这种情况：一个孩子得到了所有积极的沟通，而另一个孩子只得到了消极的沟通——就像医院里的"平

均体温"一样。

在计算时要避免出现负值。也就是说，如果你注意到负面交流开始占上风，请在下一次批评之前先管住自己的嘴，思考一下并说一些积极的话。

在进行这个练习的初期，许多母亲会感到不愉快，因为她们惊讶地发现自己习惯性地批评孩子。负面因素太多，即使通过积极言语来中和负面言语，也很难保持二者平衡。逐渐地，人们养成了另一种习惯：关注好的方面。

还有一个方法。找一个罐子或花瓶，随便一个透明容器即可，然后把石头放进去。但不是随便放，而是每次有人做了一件好事，注意！是别人做的！你就把一块石头放进罐子里。你注意到有人做了一件好事，然后告诉每一个家庭成员，或者直接表扬那个人，并把石头放进罐子里。其他家人也可以通过这种方式表达自己的赞赏，关注别人的好行为。一旦罐子里装满了石头，每个人都有权利获得奖励。大家一起分享，可以去看电影、去咖啡馆或者进行其他家庭娱乐活动。

那么，如果负面因素已经很多，确实应该批评呢？

可以说，每个人面对的实际情况是不同的。有人从自己的角度出发，认为有批评和指责的理由，而对另一人来说，一切都很正常。避免批评的做法是努力看到他人行为中的积极因素。他只是想做得更好而已。

孩子伸手去拿苹果时，碰到了杯子，杯子掉到地上摔碎了。他是有意要打碎杯子吗？当然不是。他只是想自己拿苹果。顺便说一下，苹果是有益健康的食物。

把土豆切得太大，这是出于积极意图，为了尽快为家人做好饭。这也不能成为被批评的理由。如果你非要把土豆切成其他形状，可以积极主动地自己切。或者可以把你的喜好转化为请求："如果方便的话，请把土豆切成小丁，我更喜欢小些的。"

孩子踩水坑，是出于对周围环境进行探索的积极意图。

丈夫加班，是想给家里赚更多的钱。

孩子在地板上涂鸦，是出于小小艺术家想要装饰公寓的愿望。

朋友打电话的时机不太合适，刚刚入睡的孩子又被吵醒了。虽然她不小心打扰了我的休息时间，但总的来说，她的意图是积极的，她想与我分享一些消息，增进友谊。

邻居主动给出了一些建议，虽然这确实让人有些烦，但他的行为背后也存在着积极的意图，他希望能做一些事情帮到我。

我下班回家时，希望我的大女儿（一名大学生），已经准备好了晚餐。但她一直在和妹妹画画，根本没有做饭。我的女儿并没有打算让全家挨饿，她只是想教妹妹画画。

青少年没有完成家务，碗都没洗就跑出去踢球。他的积极意图是利用这个适当的时机来提高自己的运动技能。（的确，并不是每次都有合适的伙伴可以一起在院子里玩。）

面对别人对我们的批评，如果我们能够看到其中的积极意图，那就可以更冷静地回应——这位友善的人指出了我的缺点，是真心希望我变得更好。

最重要的是，不要认为"打就是爱"是正面的意图，更不要问我二者之间的界限。请你自己感受一下，寻找积极意图是否改善了你们的关系，让你的生活变得更平静还是截然相反。留下那些让生活更加平静快乐的技巧及实践是有意义的。

无冲突沟通的规则

如果确实有批评的必要，如果想表达自己的愤怒、气愤、委屈，可以使用一种最安全、最有意义的方法——在心理学中，它被称为"第一人称陈述"。通过使用第一人称，你可以表达自己的观点，但不侵犯他人的个人边界。例如，**以"我"开头的句子，"我"谈论我自己，分享自己的思想和感受**。这样，"我"就有机会被理解。其他人也可以仿效我的做法，也说"我"，那么我也有机会去理解他人。"我感觉是这样的，我想要这样。""而我想要这样，因为我感觉如此。"这样就产生了一种建设性的对话，表明了每个人的感受和愿望。

而用"你"开头的句子，就好像我在攻击对方，而他不得不进行自我保护。他也会回敬我说"你"。但这不是关于我的事情，这是他将自己投射到我身上。我不同意这种投射，就会进行反击。于是冲突产生了："你是这样的""你自己才是这样的"。

请比较以下例子。这是以"我"开头的第一人称陈述：

"你总不和我联系，我会担心你。我希望你有事时，一定要给我打电话。"

现在用"你"开头的第二人称陈述：

"你为什么又不给我打电话？你根本不关心我！"

你可以自己想象一下两种情况给你带来的感受。

通常情况下，用"你"开头向对方表达的方式听起来像是指责，之后往往会提高音量去澄清。

在用"我"开头进行表达时，可以使用以下公式：

1. 说出自己的感受和情绪。

2. 说出引起这些感受的事件。

3. 说出希望在这方面得到什么。

也可以不用公式，只需注意发言以"我"开头，并表达自己的感受、想法和愿望。

还有一个会引发冲突的错误，那就是不恰当地进行概括，包括"总是""全部""所有人""什么都""从不""没有人""没有什么""频繁""一直"等词语。

让我们看几个例子。

"你从来不洗碗！"

"不是！我上周刚洗过！你总是这样，从不注意我做的事情！"

"哦，我没注意！那你注意到我做了什么吗？家里所有事情都是我做的！"

或者这样说：

"你从来都不给我买东西！"

"我给你买了毛衣和书！我给你买了相册和颜料！我花光了所有的钱！"

"那我想要一个玩具！"

"你的房间已经被玩具堆满了！"

"其他孩子的父母都会给他们买这些！"

"我受够了！你总是在商店里发脾气！我再也不跟你一起去商店了！"

如果在表达中加入具体细节，这些对话会是什么效果呢？

"这周都是我在洗碗，我希望今晚你能洗一下。"

"今天我真的非常忙，明天再洗吧。"

或者也可以这么说：

"我想要一个玩具！"

"我已经给你买了毛衣、书、相册和颜料。我可以给你买一个玩具，但价格不能超过二十元，我今天没带那么多钱。你挑选一个价位差不多的玩具，可以吗？"

一种是马上就要引发冲突的对话，而另一种则是建设性的对话。

* * *

通常来说，面对概括性结论时，如果存在反例，人的正常反应肯定是抗议："我反对！这不对！我可以举出一个例子，与你的结论相矛盾，所以你是错的！"

"女人是搞不明白电脑的！对计算机硬件一窍不通，所以我不会给你们这个主题！"我们师范学院的一个老师嗓音低沉地咆哮道。当然，他是男人。

"那么，娜塔莉娅呢？她替我们换过主板。"

"嗯，那是个例外！"

"既然有一个例外，那么就不能使用普遍量词！"我们反驳道。我们刚好在上学期学过命题逻辑的问题。

还有其他一些概括性的例子：

○ "女人不能开车！"
○ "正常人不会为这点儿工资工作，只有那些找不到工作的人才在市立幼儿园工作。"
- "所有的奶奶都溺爱孩子。"
- "正常人不需要心理学家！他们能够自己解决所有问题！"
- "女人对足球一窍不通。"

从我个人的角度，我马上就可以举出反例。

但如果将这些表述稍微改写一下，可能就不会引起愤怒：

- "我觉得在大多数情况下，男人比女人更会开车。"
- "我发现，市立幼儿园缺乏优秀的教育工作者。"
- "我认为奶奶们很容易宠坏孩子。我觉得和奶奶待久了会对孩子产生不好的影响。"
- "我不想去看心理医生，因为我相信自己能处理好自己的问题。"
- "我暂时还没见过哪位女士比我更懂足球。"

在这样的表述下进行讨论，可以避免明显的冲突。以上的新表述是按照"自述信息"的规则构建的。"自述信息"传达的是主观意见，并不称为真理。在这种情况下，对话者的反应很可能是："我尊重你的意见，但我并不认同。"如果主观意见披上了客观真理的外衣，这就是对其他不同意见的冒犯，也是一种对个人边界的侵犯。侵犯了他人的个人边界，自然会被反击。

因此，无冲突交流的黄金规则如下：

1. 表达自己的意见时，将其表述为个人观点。
2. 在存在或可能存在例外的情况下，避免使用概括性的词语。
3. 讨论具体的事实。

你有权利说"不"

春天的时候，公园里很脏。积雪正在快速地融化，水深及脚踝。没有橡胶靴子的话，走过去肯定会弄湿脚的，但是穿新的麂皮鞋去公园是很愚蠢的行为。因此，我宁愿等到路面干了再去公园。

我知道有些人会打破我的内心平衡，虽然他们并非有意为之。只是他们的日常交流方式触及了我比较敏感的点，他们的想法与我所坚持的信念相去甚远。我无法改变这些人，但是可以控制自己不与他们交流。与讨厌的人频繁交往是愚蠢的行为，会对自己的身心造成伤害。

如果有什么特定的事情经常给你带来负面情绪，那么请考虑如何将其从生活中剔除或最小化——不要去某个地方，不要与某个人见面。如果因为某些原因无法做到完全不见面，那么至少努力减少见面次数和交流时间，并重新审视交流形式。

试着回想一下，你是否有一些令人烦恼的交往经历。我先举几个实例。

"我有个朋友，和她交流让人很不舒服。她总是间接地以各种方式让我明白，我比她差。她坦诚地告诉我，我有哪些缺点，然后还说：'别生气，除了最好的朋友，还有谁会和你说实话呢？'每次和她见完面，我的情绪都会低落好几天。"

"那你们为什么还继续来往？"

"我们从上学时就是朋友。"

"这段关系中有什么是值得你珍惜的吗？"

"嗯，对我而言她就是普通朋友，偶尔过来聊聊天。"

"每次见面后你都会情绪低落好几天，全是因为这个朋友。还有必要这样做吗？"

"她给我打电话说想要过来做客。起初我很高兴，但后来……"

"你有权利说'不'。比如，'不，我不想讨论这个话题。''不，我不想听你的实话。'"

"如果她还是不停地说呢？"

"那你可以说：'不，我不能让你来我家里。我们去咖啡馆见面吧。'在咖啡馆更容易中断交流，当你感到不舒服时可以离开。不一定非要说：'不，我不想再和你来往了。'"

* * *

"我有一个亲爱的姐姐和两个侄子。我很高兴能见到他们，但每次他们来我家后都会给我留下不愉快的感觉。我觉得侄子们很难管教，他们太吵了，既跺脚，又蹦来蹦去，还乱扔玩具，我觉得很对不住楼下的邻居。每次侄子们离开后，我们都要计算一下损失：有时灯罩被打碎了，有时昂贵的玩具会被弄坏。而我姐姐完全不管他们，在他们父母面前我也不好意思批评他们。我的孩子们都已经要求：'妈妈，不要再让他们来我们家了。'我应该怎么办？有什么建议吗？"

"如果你没有和姐姐说过你的不适，没有叮嘱过孩子们，那么姐姐可能只是没有想到。你可以说'不'：'不，不要在屋里跑步；不，不能从沙发上跳下来。'你可以教自己的孩子们说'不'：'不，不能拿这个玩具。'如果这个玩具对孩子来说很珍贵，并且被弄坏的风险很大。"

"如果姐姐对这些限制感到生气怎么办？"

"没什么好办法。要么告诉她你的不适，并设定界限，要么继续忍受这一切。如果姐姐也很重视与你们的交往，她会接受这些限制。如果你不想对侄子们的行为进行限制，那就选择在姐姐的

家里或在中立的地方见面，比如，公园或游乐中心。一定要去寻找减少不适感的方法。"

* * *

"我女儿同班同学的妈妈非常健谈。虽然我们并不是特别亲近的朋友，但我们的关系相对班级其他同学的家长来说，更亲近一些，因为我们的女儿是好朋友。这位妈妈会打电话来询问作业，然后又花上半小时讲学校的最新八卦或一些闲事。浪费这么多时间在闲聊上，我感到很闹心，但又不好意思打断她。"

"你可以不接电话，给她发信息：'不方便接电话，打字吧。'文字交流所需的时间会少很多。"

"好的，打电话的问题我明白了。那见面的时候怎么办呢？放学接孩子的时候，她也会拉上我聊半小时。"

"你是不好意思说'抱歉，我们赶时间'吗？"

"感觉有点儿尴尬。"

"如果你突然想起家里还有电熨斗没有关，你会决定中断谈话吗？"

"当然会啊。毕竟是电熨斗。"

"难道你认为，电熨斗比你的时间还重要吗？你真的愿意把时间浪费在不必要的谈话上吗？"

"我明白了。以后每一次我都会想象家里有个没关掉的电熨斗。"

*　*　*

"我们有一个非常棒的小团体,成员们常常会组织一起出去玩,去户外郊游几天,一切都是那么友爱,充满快乐。但现在这个圈子的结构改变了——有个姑娘结婚了,她开始带着丈夫来参与我们的团体活动。但她的丈夫总说脏话,这让我们很不能接受,因为孩子们还在旁边呢。我们不止一次地提醒他注意自己的言辞,但他没有做出任何改变。"

"你可以对这位朋友说'不':'他不能再跟我们一起出来了,如果你想来的话,可以,但不能带他。'"

"不能带丈夫的话,她自己是不会来的。"

"她有权做出这种选择,而你也有权利保留自己的选择。为什么要在休息的时间去忍受一个让自己反感的人呢?如果你很想要和这个朋友继续交往下去,那就想想换个别的交往方式吧。比如,举办女生派对之类的,所有人都不可以带丈夫出席。"

你有选择的权利,也有拒绝的权利。学会对不喜欢的事物说"不",是一种可以在任意年龄掌握的技能。特别是当你有了孩子之后,这一点尤为重要。不仅是因为孩子需要适当的界限,还因为这项能力对他们也非常有用。

"我可以玩一下你的小车吗?"

孩子把小车让了出去,但自己却难过地站在那里,他也想玩,同时还担心小车被弄坏。

"让我荡会儿秋千吧!"

孩子立刻让出了秋千,尽管自己刚刚等了半小时才坐上秋千。

"下课后一起去你家玩吧!"

孩子心里有点儿紧张,他在担心自己的东西。上次他很不舍地把心爱的机器人送给了来做客的同学,只是因为面对别人提出的"送给我吧"这个请求,他无法回答"不"。

情绪椅子练习

任何事件本身都是中性的,是我们的感知赋予其积极或消极的意义。

孩子发烧了。妈妈认为这是件非常糟糕的事情，因为它打乱了计划，还必须请假照顾孩子，这又会影响工作，还得担心孩子的身体。而孩子在此时可能会欢呼道："哇！我不用去上学了！"

事件本身是没有感情色彩的，我们对待它的态度完全取决于自己，理解了这一点，将有助于我们从不同的角度看待问题。在培训中，我们将几把椅子围成一个圈，每把椅子背后标记不同情绪的名称，有喜悦之椅、担忧之椅、愤怒之椅、悲伤之椅。每位参与者各坐在一把椅子上，他们的任务是带着椅子上的特定情绪对所提事件做出反应。有的人带着喜悦对待一切，有的人则充满担忧。然后参与者们交换椅子，带着新的情绪重新看待问题。我们将这个培训称为"从'另一把椅子'的角度看问题"。

事件1

在商店试衣服时，发现裙子太小了。

担忧："难道我又胖了吗？"

愤怒："这裙子是谁做的！明显尺码不对！"

悲伤："我再也不会像年轻时那样苗条了。"

喜悦："好处是省下了买裙子的钱！"

事件2

幼儿园宣布因水痘流行而进入停课状态。

担忧："孩子可能会生病！"

愤怒："偏偏在假期前！"

悲伤："去年假期就被打乱了。今年因为水痘，假期又被破坏了。可真倒霉啊。"

喜悦："太棒了！孩子有机会患上水痘。据说小时候得水痘更好一些。"

尝试把生活中的事件视作中性的。为此，在经历惯常的情绪反应后，请尝试"坐到另一把椅子上"，带着另一种情绪来看待问题。

请找到你"最喜欢的情绪之椅"——你最容易带着这种情绪看待事情。

开始练习从"另一把情绪之椅"的角度来看待事实。

今天你就可以尝试，在某个有情绪的时刻让自己停下来，并用意念的力量"坐到另一把椅子上"。

* * *

很久以前，一位幼儿园心理老师团队的负责人给我们讲了一个故事。当年，她的女儿在幼儿园上学的时候，不太幸运，遇到了一位情绪非常不稳定的老师。这位女老师非常易怒，经常咆哮，吓得有些孩子都尿湿了裤子。当时孩子也没有别的选择，不能转班。于是，这位心理学家妈妈向女儿解释，是老师自己有问题："你知道吗？她并不是在针对你，也不是在针对其他人大喊大叫。她只是因为不会用其他方式表达自己，所以才大喊大叫的。没有人喜欢她，她非常可怜，所以只能这么做。"（妈妈明白自己的做法并不符合教育原则，可能会破坏老师的权威，但是为了女儿不得不这样。）之后，女孩子不再害怕这个老师，也不再关注她的喊叫声。

我分享这个故事并不是为了用幼儿园吓唬人，只是为了举例说明这种方法。妈妈让女儿"换了把椅子",从害怕之椅换到了同情之椅。女孩子开始将老师视为可怜、愚蠢和不幸的人,尽管老师的咆哮并没有减少……

* * *

如果经常进行"换一把椅子"这个练习,就会意识到:持久的情绪化是个人的选择。有一次,我的猫走丢了。没人注意到它从公寓里跑出去了,我们起初甚至没有意识到它跑丢了,只是发现家里的猫不见了。惊讶转为焦虑,然后是悲伤。在我们和孩子走遍了附近所有的庭院都还没有找到猫时,难过涌上心头。我想:"我能换个角度看待这件事吗?"我想起了关于椅子的练习。我不再难过,甚至能够看到事件中的积极方面:没有猫意味着我们可以省下它的猫粮和照看费用;不用再担心假期里谁来照顾它;猫毛也不会在房间里到处乱飞,可以减少打扫的频率……尽管如此,我感觉有些不对劲。我意识到自己依然为走丢的猫而悲伤。

我再次沉浸在悲伤之中,但这是我自己的选择。晚上,猫找到了,我们都很开心——尽管我也可以选择伤心,因为猫的大小便问题给我们带来了很多麻烦,但我选择了高兴。**通过改变思维的方式,我们可以自主选择情绪。**

使用这个方法还有很重要的一点需要补充,那就是没有"正确"或"错误"的椅子。在任何一把椅子上坐久了都不好。重新选择一把椅子就是在发展心理的灵活性。有些人明显有自虐倾向,他们需要学会从"接纳"和"宽恕"的椅子转到"愤怒"和"恼怒"的椅子上看待问题，例如，当需要停止一段会对某人造成伤害的关系时。

一个女孩子和她男朋友交往很久了，但这个年轻人经常给她制造难堪的局面。酗酒，背叛，当着朋友的面侮辱她，消失几个星期，然后又像什么都没发生一样回来。她已经习惯如此，每次都坦然接受，并加以宽恕。女孩子每次都为男友找理由辩护："他不是故意的。他只是性格如此，他的童年很不幸。"而这一切都是因为"我不能没有他"。要结束这样的关系，需要积攒很多的能量——而愤怒这种情绪会给予她足够的能量："停！我受够了！"

* * *

补充一下关于椅子游戏的练习，可以玩"但是……"这个游戏，它只需要一把快乐之椅。这个游戏可以锻炼积极思考的能力。

可以在小组中进行这个游戏。第一个参与者说一个消极的事实，例如，"今天下雨了"。下一个参与者回答他："但是空气变得更清新，道路上的灰尘被冲刷干净了，让人呼吸得更顺畅。"然后立即抛出新的话题："我被辞退了。""但是这给了你一个机会去思考，你更想要做什么，从而找到人生的事业。"

我猜，你可能没有小组可以进行游戏。游戏也可以是"一个人的游戏"。你自己提出问题，自己回答"但是……"。甚至不需要杜撰情节，因为每天都会发生一些事情："送孩子去幼儿园迟到了，但我们睡了个好觉。"

有时我也会产生疑问：频繁使用这种方法是否会导致退步和不思进取？"这意味着自己可能会成为一个积极的流浪汉。但那又如何呢？至少活着且无忧无虑。"

有两个平行的过程。一个是努力向上发展，实现某些目标；另一个是帮助自己保持积极的心态。第二个过程并不会妨碍第一个过程，反而会成为其助力，因为它使人时刻保持健康的心态，不会在受挫时陷入坏情绪。但如果人丧失了向上的动力，没有任何追求，就可能会导致退步，最终变成冷漠、无欲无求的流浪汉。这两个过程是并行的，这种方法本身并不妨碍实现目标，也无法对不存在的东西造成伤害。也就是说，如果一个人既不努力地"积极向上发展"，也没有"但是……"的思维方式，那他照样会是一个流浪汉，只不过是一个沮丧的、满腹牢骚的流浪汉。

对有进取心、积极向上的人来说，哪怕是一个"但是"，也与毫无追求的人大不相同。

比较以下几个"但是"：

1. 准备去远足，但是下雨了。

"哦，是的，但在家躺着看书也挺舒服的。"

"哦，那又如何？这正好是个挑战自我的机会。好天气时大家都会出去玩，但只有强大的人会在雨天出行！这是一种特殊的激情！"

2. 降薪了。

"哦，那又如何？至少身体还健康。"

"哦，是的，但是这会激励我寻找新工作，我已经不喜欢这个工作了。"

3. 被合作伙伴背叛了。

"哦，是的，但我得到了教训，我不适合做生意，以后不会再尝试了。"

"哦，是的，但是我得到了教训，今后我会仔细阅读合同，以免重蹈覆辙。"

去寻找适合自己的"但是"吧——那种有助于自身发展，而不会使人退后的"但是"。

第四章

别再被情绪左右

平心静气的心理练习

保持生活的平衡

　　我下定决心去健身房锻炼身体以保持健康。一开始我为自己感到骄傲自豪，然而，这种自豪感很快就消失了，准确地说，是在刚刚开始锻炼、进行第一个动作之时就消失了。因为事实证明，穿上运动服去健身房并不足以让我感觉到自己是一名运动员。教练非常灵活、自如，而我则像个僵硬的木偶。我做的"下犬式"动作更像是一只硬挺挺站着吃草的鹿。看着镜中的自己，我唯一能联想到的就是这个。也许应该给初学者建一个没有镜子的健身房，没有镜子的话，更容易让他相信至少自己的某个动作是成功的。

　　"树式动作！"教练喊道。我刚想着，这正适合我，太真实了，从开始练习时我就感觉自己像一棵树。但随即事实就证明，我僵硬的身体不足以完成这个体式。它的核心在于用一条腿保持平衡，而我最多只能保持平衡五秒钟，然后身体就会开始朝各个方向歪斜。和身体相比，我的大脑一直在进行锻炼，我立刻就联想到了关于生活的平衡。这是一种能够在个人生活的各个领域中保持平衡、不偏向某一方面的能力。就比如，我站在一个圆圈的中心，这个大圆圈被划分为好多个区域，其中包括工作区、家庭区、健康区、朋友区和爱好区，每个区域都有一条绳索与我相连。

为了让绳索保持稳定，很重要的一点是确保每根绳子的张力是相同的。当我把注意力、精力和时间都集中在某个领域时，这个区域绳子的张力就会增强。如果过分沉湎于工作，只关注这一方面，那么这个区域的绳子就会被拉扯过度。我甚至可以想象出一个画面，一个人的整个身体都向着"工作"这个区域倾斜，"家庭"和"健康"这两条绳子断开了。对他而言，重新回到稳定的位置将是非常困难的。倒在"家庭"这个区域也不是最好的选择，因为这也不平衡：人倒下了，躺在那里，与其他领域的联系断开了。拥有三个方向是保证稳定性所需的最低限度。**对你而言，重要的活动越多，你保持稳定的机会就越多**。但仅仅想出某个活动领域是远远不够的，还需要给予关注。同时，还有一个反向的规则：活动领域越多，就越难以平均分配注意力。因此，每个人都可以根据自己的愿望和能力决定要在哪几方面之间平衡。

在人的一生中，这个组合可以在数量和质量上发生变化。让我们以一位抱着孩子的年轻妈妈为例，她确定了三个重要的活动方向：照顾孩子、处理好与丈夫的关系和经营温馨的家。她整天忙于在打扫卫生、陪孩子玩耍以及与丈夫交流中寻找平衡。如果整天都陪孩子，打扫卫生就会被推迟到晚上，但晚上又希望和丈夫共度时光。如果晚上还不打扫卫生，家里就会乱七八糟。在时间不够用的情况下，平衡是指所选方向的优先级可以循环变化。今天丈夫优先，明天孩子优先，后天打扫卫生优先，但这并不意味着整天都在打扫卫生，只是将更多的注意力放在这方面而已。如果优先级始终不变，那么某些事情将持续不被重视，从而导致平衡被打破。

现在这个女人已经学会了在丈夫、孩子和家务之间保持平衡，同时将这种平衡变成自发式的，并将其融入"家庭"这个方向：孩子变得更加独立，家务减少了，她的时间和精力更充裕。她开始工作，报名参加提高职业素质的课程。现在她需要在工作、学习和家庭之间寻找平衡。无论你如何努力制定时间表，以确保按顺序完成任务，仍然会定期面临选择和确定优先级的问题，这就是平衡。对平衡来说，重要的是优先级能够根据情况进行斟酌和改变。否则，长时间被忽视的领域将会出现问题。

- "我今天不能陪你出去玩，因为星期一我有考试。"——选择学业。
- "今天是我丈夫的生日，我不能加班。"——选择家庭。
- "我今天不能去上课了，因为单位有事，要出差。"——选择工作。
- "我今天不去上班，孩子发烧了。"——选择家庭。
- "自己玩一会儿，妈妈要打几个工作电话。"——选择工作。

在这场平衡中，妈妈就像一位马戏团的杂耍艺人，不停地抛动着手中的球以期保持平衡。始终要把最接近地面的那个球放在首位，因为需要迅速把它接住再抛起。除了要很好地分配注意力之外，还需要灵活性和耐力来进行这些操作，并且需要足够的健康来支撑这一切。因此，最好将健康作为个人的重要生活领域之一，要努力保持良好的身体状态。因此，每个星期天的早上，练瑜伽成为我的首要任务，让整个世界等一等吧。经过几个月的定期训练，我已经很熟练地掌握了瑜伽练习中的"休息式"。

计划一个假期

有计划地安排时间休息。就像我们预约看医生、去税务局办事或与商业伙伴会面一样。首先，如果不计划，很可能就没时间休息了；其次，休息和看医生一样重要。而且，我有一个猜想，不太计划休息的人往往需要更频繁地去看医生。

"我最近经常生病，一周前还发烧了。今天又是这样，头疼，什么都做不了，只能在电视机前看看电视剧。"

"那不发烧的时候，你会看会儿电视，放松一下吗？"

"当然不会，工作太多了。"

"那么发烧是你唯一可以躺下来看电视的机会吗？"

"是的，看起来是这样。"

"看来发烧也给你带来了一些好处。也许，值得计划一下这种'躺在电视前的休息'，以免突然生病的时候无事可做。"

选好时间，选好同伴（丈夫？孩子？），选好电影，再告诉家人你的计划。在笔记中做个备忘栏，以防有事情耽误你的计划。然后，就可以躺在沙发上，享受观影的乐趣，因为这是已经计划好的休息。

我的一个朋友是位商业培训师，同时也是一家人力资源机构的领导。当谈到如何安排空闲时间时，他展示了他的日程表——

从早上七点到晚上十点都被排满了各种活动。但在与公司高层会面、面试和开会的记录之间，还包括了"陪女儿看电影""在公园散步""去妈妈家吃饭"等内容。

"你知道吗？有时候我觉得，我根本没有空闲时间，总是在忙忙碌碌，每分钟都有事情要做。如果我不在日程表中提前安排和家人交流的时间，那么工作就会填满这些空白。我的生活就只剩下工作了。"

计划很重要，这一点我也意识到了。我发现，我与一个朋友的见面次数远远超过了与另一个朋友的见面次数。

"我们得找个时间见面！"我和斯维塔在打电话聊天时说道。

"是的，有机会一定去你那里做客。"

"有机会"，这种不确定性往往会将事情拖延数年之久……

第二个朋友发给我一张某个音乐会或剧目的海报，并问我："要一起买票吗？"于是，我们就计划在几周后见面，有具体的日期、时间和地点。我在笔记本上做了相应的标记，已经购买的门票证实了我们的诚意。在这种情况下，我们每个月都会见面。**与亲近的人见面需要计划。**

对于真正重要的事情，总会有时间去做——这是不变的道理。而什么事情是重要的——这是个人选择，有时需要重新审视优先次序。

曾经有这么一个人。他需要食物和住所，这是一种明确的、基本的需求。为了满足这个需求，他努力工作挣钱，以达到一定的收入水平。但即使满足了这个需求，他仍在继续不知疲倦地工作，已经成了习惯。就好像加速之后，无法再放慢速度一样。他已经满足了基本需求，还满足了许多其他物质需求，但仍把工作排在第一位，"没有时间休息，需要工作"。谁需要？为什么需要？真的需要吗？或许，是时候重新审视优先次序了呢。

有一位新生儿的母亲。孩子太小了，需要母亲的陪伴。这样的需求是可以理解的，母亲也明白，所以她把期盼已久的、深爱的孩子排在了她的优先事项之首。没时间休息，不能按时吃饭，没时间照顾自己，这一切，妈妈都能坦然接受……但现在，孩子已经五岁了，母亲的优先事项却始终没有改变。她的生活也没有改变。她仍然没有时间照顾自己，依然睡眠不足，不能按时吃饭。她的生活被孩子的课外活动、培训班、学习和社交活动填满。在这个日程表中没有她自己的时间。她一直在等待"等我有空闲时间了"，但是这个空闲时间从未到来……

空虚法则：空虚往往会被填满。如果你不在日程表的空白格子里写下你想做的事情，那里一定会被填上其他事情。

人分为两种类型：一种是总把工作推到明天的人，另一种是总把休息推到明天的人。你知道吗？不管哪一种人都会受到负面影响。那些把工作推到明天的人，迟早还是要面对必须完成工作的现实，而且可能会在紧急、不安、力不从心的状态下去完成工作。那些总是把休息推后的人，往好的方面说，就是不会休息，他们满脑子都是责任和义务，唯独忘记了自己。他们仿佛只剩下功能性的一面（"我"只是作为某种"功能"存在的），而作为个体的一面荡然无存。往不好的方面想，他们会频繁感冒或是遇到其他健康问题。我们在努力工作的过程中消耗的能量是必须补充的。

周末也最好提前计划，要安排一些能愉悦心情的活动。一定要选择那些平时工作日不会做的事情，周末应该与工作日有所不同，否则它们会像没有发生过一样匆匆过去。对那些周末和工作日没有区别的母亲而言，会出现一种被称为"土拨鼠之日"（指无聊、单调、按部就班的生活）的绝望感，这是一种沉重的、例行公事的无力感。尽管对母亲来说，育儿是一件快乐的事情，但有时她也会很羡慕办公室里其他人的生活，尤其是在大家都数着离星期五还有几天时，在大家分享着最近的周末计划时，以及在大家每周一都交流游玩感受的时候。周末活动越丰富多彩，分享时间就会越长。办公室里虽然有严格的工作时间表，但也是劳逸结合的。一个员工兴致勃勃地说，他在这几个周末里参加了远足、看了戏、去了俱乐部、参观了展览。另一个员工说："我就是睡了个好觉，简单收拾一下，去买了点儿下周用的东西，做做家务。周末一晃而过，就像没有发生过一样。"实际上，每个人每天的时间都是二十四小时，但每个人的主观感受是不同的。主观感受取决于在一段时间内遇到了哪些事，投入了多少情感。

我明白，带着小孩子很难让周末丰富起来。但是，只要发挥创造力，即使与孩子一起过着规律的生活，也可以在其中增加一些变化。换一个新地方散步，放弃每天都去的公园，虽然距离最近；邀请朋友一起散步；带上相机，拍拍照片；带上平板电脑，趁宝宝在婴儿车里睡觉时，把长椅当成电影院，看电影，吃爆米花。很有可能在这一天，宝宝不愿意睡觉，看电影的计划就会泡汤。但是你可以吃爆米花，如果平时出门你不吃爆米花，那这也是一种变化。

休假时，如果不出门，那时间可能不知不觉地就过去了。但也不是总有机会外出，那该怎么办呢？即使假期无法外出，我们也建议制订计划。否则，每天都会按照老套路过，假期还是会被日常的琐事填满。为了避免这种情况发生，需要在度假主题上进行一些创造性的思考。问问自己：我需要什么样的休息？什么事情可以让我放松一些？我想要一种什么样的体验？计划一些平时不常做的事情，每天尝试一些新的事物，暂时停止那些平常总做的事情。例如，假期的时候不做饭，安排一次城市美食之旅。去咖啡馆坐一坐，每天尝试不同的菜肴，让孩子们了解不同民族的特色饮食，培养他们的认知兴趣。或者想象一下，你是一名来自另一个城市的游客，在一周的假期里，你希望在这个城市里参观什么呢？去哪里逛逛呢？又想要和谁见一面呢？

让家成为充满力量的地方

家应该是一个充满力量的地方，一个在任何状态下都能够带来安心的地方，家可以让你充满力量。

家是力量之所在，但这并不意味着你永远都不想出门。如果你喜欢旅行，你可能会定期，甚至经常要离开家，但最终你肯定会想要回来，给自己充满电。家不一定要是世界上最好的地方，不一定要引起你狂热的喜爱。但当你跨过门槛时会感到一种内心的安宁和喜悦："太好了，我回家了。"那就足够了。

回到家，脱掉鞋子，穿上心爱的软拖鞋，走进厨房，打开水壶——你会感受到一种舒适。即使你还没有开始喝茶……

如何判断，家是不是充满力量的地方？

可以想象一下，家带给你什么样的感觉。

○ 我的家像是一个高墙环绕的城堡，将我禁锢。唉，我的家是一个灰暗又潮湿的监狱罢了。

- 我的家像是一个尘土飞扬的储藏室，周围都是蜘蛛。我想逃离这里。
- 我的家像是一个生产车间。周围的一切都在忙碌着，喧哗，紧张，大家各司其职。
- 我的家像是一个轮子。不知道为什么，但我脑海里确实出现了一个轮子，笼子里的小老鼠不停地在轮子上面奔跑。家甚至都不是这个笼子，而是笼子里的轮子。不仅没有自由，还需要跑步让轮子转动起来。
- 我的家像是一个鼹鼠的洞穴，看不到任何光线。

这只是一些联想的例子，并不是每个人都认为家是力量的源泉。但还有其他的例子：

- 我的家像是童话中的小屋。里面明亮、温暖、舒适，还散发着馅儿饼的香味。
- 我的家像是一个小窝，像大羽绒被子一样，温暖而柔软。
- 我的家像河边的吊床，搭在阳光照射的空地上。

你对家的联想是什么呢？

顺便说一句，力量的源泉可能不是整个房子，而是某个单独的房间。甚至可能不是整个房间，而只是一把椅子。我朋友有一把摇椅，每当她坐在摇椅上，猫就会跳到她的膝盖上。在猫咪的陪伴下摇动着椅子，很容易就能够驱散一天的疲劳。如果再有人

送过来可可、棉花糖或者柠檬茶，那就更棒了。

在我的朋友有了这把椅子之后，她才感受到家的味道。她住过很多间出租公寓，但都没有家的感觉，墙壁是陌生的，家具也是陌生的，她没有办法适应。"临时的避风港"无法成为真正的"家"。有一天她梦见自己裹着毯子，坐在椅子上前后摇晃着。即使梦醒了，那种宁静和温馨的感觉仍然存在，仍然让人如此愉快、充满能量，她渴望在现实中再次体验这种感觉。于是，一把摇椅进入了她的生活，给她带来了家的感觉。尽管还是不停地搬家，但她每次都带着椅子一同搬走。她开玩笑说："我就像一只蜗牛，带着自己的小屋。"现在，她的家就在她的椅子所在的地方。

我还有个朋友，她的力量之源是她家的窗台。那是一个宽敞的大飘窗，可以坐在上面，从二十一楼俯瞰城市全景。也可以在上面喝茶，可以天马行空地幻想，白天还能在上面看书或绣花。

她喜欢躲在厚重的窗帘后面绣花，因为如果不躲起来，三个孩子就会不断打扰她。他们已经长大了，可以自己玩，但是每当看到妈妈时，他们立刻就会有各种需求：想和妈妈一起玩耍，想让妈妈讲故事，想让妈妈给娃娃系个蝴蝶结，想让妈妈找到娃娃丢失的袜子，想问妈妈为什么这个玩具车的轮子转得比那个快，还想让妈妈帮忙给独角兽涂颜色。而妈妈自己偶尔也需要独处一下，恢复精力，以免对孩子们发脾气。这个能让自己恢复能量的地方是她在偶然间发现的。有一次，玩捉迷藏时，妈妈躲在窗帘后面，一开始，她紧张地倾听着寻找的声音，偷看着寻找她的孩子。然后她将目光投向窗外，欣赏着眼前的景色。她觉得，在这里坐着很舒服，并突然发现自己居然产生了这样的念头："让他们再找一会儿吧，不要找到我。"

当然，孩子们知道，需要的时候应该去哪里找妈妈。但如果妈妈不在视线范围内，他们会更容易控制住不让妈妈参与他们的活动。我的朋友需要用厚重的窗帘将自己与其他居住空间隔离开来，还有一个更重要的原因，就是对井然有序的强烈追求。比如，她习惯不停地收拾卫生，如果她在厨房喝茶，就会情不自禁地擦拭台面或水槽。一手拿着杯子，一手拿着抹布。然后她注意到地砖上的污渍也要擦拭，又注意到烤箱门上有孩子的手印。俯身擦拭烤箱时，她又发现了桌子下面的纸片。旁边有面包屑，她又要擦拭地板，没法休息……只有在厚重的窗帘后面的窗台上，看不到杂乱，她才会感到平静。

你是否感到家的温暖？对你来说，家是力量的源泉吗？如果不是的话，那么你一定要创造一个力量之所。关于这点没有什么通用的公式，只要"跟着感觉走"，让自己过得舒适就好。而对"舒适"，每个人都有自己的理解。对某些人来说，这意味着将令人愉悦的小物件整齐地摆在架子上；而对其他人来说，意味着将所有琐事都放在一边。有些人喜欢翻看照片，因为照片记录了生活中愉快的时刻，看照片可以获得平静，他们希望所有的墙上都挂满照片；而另一些人则厌倦这些繁杂的信息和花里胡哨的照片，他们更喜欢光秃秃的平整墙壁，在上面涂上柔和的色彩。如果朋友和家人建议你"把这张旧沙发扔了吧"，而你却感到，它正是你汲取力量的地方，那么不要急着舍弃它。唯一的评判标准应该是："我喜欢它。它让我开心。"

有一次，我去一个好朋友家做客。她最近刚刚生了第二个孩子，跟我发牢骚，说自己要抑郁了，长期疲惫不堪，无法按时吃饭，丈夫经常加班、很少帮忙，等等。总之，她很不满意。这是现实中很典型的情况。孩子醒了，我去卧室看小宝宝，发现床的上方挂着一幅画：一只白色的母老虎正走向某个地方，它的旁边还跟着一只小老虎。画面很美，但情感上很沉重，母老虎看起来非常疲惫。看着这只老虎，我不禁产生了一系列的情绪疲劳、焦虑、饥饿、对孩子的担忧、独自承担一切的责任感。

我问朋友："这幅画让你开心吗？"

"什么意思？"

"你觉得它好看吗？喜欢这幅画吗？"

"不喜欢。"

"那你为什么把它挂在这里？"

"是婆婆送的。"

"当你看着这幅画时，有什么感受？"

"我觉得自己是个疲惫的妈妈。事实上我确实也是。"

"嗯。你一睁开眼睛，看到这幅画就马上想起自己是个疲惫的妈妈，然后整天都去验证自己很疲惫这个事实。如果你不喜欢这幅画和这种感觉，就把它拿下来。"

"婆婆会生气的。"

"随你吧！"

两周后，她给我发来了一张照片，是她卧室里一幅新的画，并附言称现在她的情绪好多了，与丈夫的关系改善了。画上是一男一女在跳探戈，充满爱与激情。她问我："这是风水吗？"也许是风水……但我有一个更简单的解释：当你周围都是让你高兴的事物时，生活就会变得更加轻松而快乐。

如何爱自己

"学会爱自己和接纳自己"是一个非常普遍的建议，但通常并不会详细说明如何做到这一点。好像只要听到这句充满魔力的"你要爱自己和接纳自己"，人们就会自动开启爱与接纳的过程一样。可惜啊……即便每天早上在镜子前努力地说出"我爱自己，我喜欢自己"，似乎也无法让人真正感受到爱与被爱的温暖。正确的言辞在错误的状态下并不会起到任何作用，人的心态是首要的。在不爱自己的状态下，说出"我爱自己"这句话，听起来就很虚假。就像一对情侣，明明已经不爱彼此了，只是还没有彻底分手，还要虚情假意地说"是的，我爱你"，声音中充满了疲惫和烦躁，暗含着"离我远一点儿"的味道。

我并不是随机地选择了这个情侣关系的例子，这样更容易解释什么是爱自己。毕竟，很多人可以爱他人，却无法爱自己。

有这样一个女人，她不知道如何爱自己。但与此同时，她有一个爱着的孩子，她还爱她的丈夫、她的父母、她的姐妹，甚至她的狗。

"你是如何爱他们的？准确地说，你都做了什么？对他们的爱会激励你去做什么呢？"

"对于丈夫和孩子，我会照顾他们，为他们营造温馨的家庭环境，努力给他们烹饪美味的饭菜，做一些让他们开心的事情。会努力满足他们的需求，关心孩子的成长，还会经常拥抱他们、亲吻他们。

"对于父母和姐妹，我尽量与他们共度时光，组织有趣的活动。我喜欢送给他们礼物。

"狗呢，我每天都会遛它，照顾它，努力让它感到愉快。它喜欢被人抚摸。"

"如果我们现在和你一起制定一个'如何爱别人'的指南，那么会得到下面这个清单：拥抱、亲吻、抚摸、呵护、关心、美味的食物、创造舒适的环境、让人开心、帮助发展、满足需求、共度时光、赠送礼物。"

"你赞同清单里的内容吗？"

"赞同。"

"这些就是你可以用来爱自己的方式。送自己礼物，满足自己的需求，关心自己，给自己营造舒适的环境，享用美食，找时间做自己感兴趣的事情，自我提升。"

"那要怎样拥抱和亲吻自己呢？"

"可以借助于别人，这是一个双向的过程。但是可以把这个诉求扩展为'给身体带来愉悦'，换句话说，去做一些对身体有益的事情，如按摩、水疗、桑拿、游泳、瑜伽、跳舞等。"

"明白了。"

"现在你可以分析一下，在这个'如何爱自己'的清单中，有哪些是你每天都在做的？"

"我想，只有'享受美食'了。"

你知道吗？当对自己的爱只剩下"享受美食"这一种方式时，情况就非常危险了，因为这会导致超重问题。想要减肥的女性会严格限制自己的饮食，从而将剥夺唯一对自己表达爱的方式。这时，她就会开始自我厌恶，情绪变得非常糟糕。千万不要这样。所有的节食和健身计划都应该建立在爱自己的基础之上，这样才更容易坚持下去。

我相信大家都赞同，父母无条件的爱是帮助孩子成长和发展的最重要因素。对待自己，无条件的爱也同样重要。当你开始努力改变自己时，首先要学会爱自己。爱自己，关心自己，这是成功转型的坚实基础。即使你只想改变自己的某些方面，也要从对自己的爱出发。"先改变自己，然后才开始爱自己"，这样的顺序是不可行的。

可以想象一下，一个满脸鼻涕、发着烧还一直哭闹的孩子，父母会对他说什么？会如何照顾他？父母会说："我不喜欢你现在这个样子，等你康复了、变漂亮了、安静下来了、会笑了，我才会继续爱你。赶紧喝药吧！"还是会说："你是我的好宝贝，我们爱你，你很快就会好起来的。吃点儿药吧，你还想要什么别的东西吗？"在哪种情况下孩子会更快地康复呢？**在遇到困难的时候，我们对待自己应该像明智的父母对待孩子一样，充满爱、支持、呵护。**

通过这个例子，可以看出"爱"和"接受"的区别。由于这两个词经常成对出现，许多人将它们视为同义词，并在它们之间画上等号，但其实爱并不等于接受。妈妈可以非常爱她的孩子，但同时也可以不接受他的某些表现，希望能纠正和改变他。比如，"我无法接受孩子在语言表达上出现的问题。我希望他能说话清晰一些，在交流中更加自信，所以我带他去上了语言治疗师的课程。""我无法接受孩子的驼背问题，所以我带他去参加体操训练。""我无法接受孩子在学校成绩不好，所以我请了私人补习老师。"这些都是"爱，但不接受"的例子。自己也可以爱自己，但不接受自己的某些表现。接受就是不想改变或者承认无法改变，接受就是同意："是的，我就是这样。"平静地向世界展示真实的自己。

学会无条件地爱自己。我自身有很多地方，是需要改进的，我也很希望可以改变，但是这些问题都不会妨碍我爱自己，我能够坦然面对它们。而且更重要的是，我觉得渴望成长和进步是一件非常正常的事。

当你无条件地爱自己时，就会有动力去改变："我很想知道，我减肥能成功吗？"或者说："如果我减肥了，可能会自我感觉更好。应该为自己去努力一下。"

当你不爱自己时，即便想改变，话风也会变成这样："胖得像头大奶牛，别再吃了，看看你自己在镜子里的样子！"

当对自己满怀爱意时，我们会这样安慰自己："好吧，今天对我来说，睡个好觉更重要。但明天我一定会去健身房！"

而没有爱时，则会变成这样："我太懒了，没毅力，又错过了一次训练。"

因为爱自己，我们会这样表达对于改变的渴望："我想把头发染成其他颜色。很好奇，新发色会让我看起来如何呢？"

而如果缺少这种爱，就会说："必须染头发，得把白头发盖住，否则这样子出门太可怕了。"

如果爱自己，想学英语的时候会这样思考："很好奇，我能学好英语吗？我很聪明，只要认真学，肯定可以。"

而相反情况则是："好歹也得学会一门语言啊！斯维塔会说三种外语，而我连一种都不会，真丢人。"

生活中经常有"爱，但不接受"的情况，反过来也是一样。我举个例子，有位女士，六十五岁，她是一个能够完全接受自己，却不爱自己的人。体重超重，患有静脉曲张、糖尿病，这些她都

完全接受。也就是说,她不想改变任何东西,自豪地向世界展示自己,"是的,我就是这样"。

还记得"如何爱自己"的清单吗?这位女士没有做清单上列出的任何事情。她不关心自己,不按时吃饭,病了不及时吃药,也不好好休息。当孩子们劝她去市里的医院做检查时,她摆摆手:"别了,不要浪费钱。"她会把收到的礼物转送出去:"我不需要任何东西。现有的东西足够我用了。"孩子们很努力地去改善妈妈的生活和健康状况，但总是遭到她的拒绝。爱一个不自爱的人是非常困难的。

去爱自己吧！现在你知道该怎么做了吧。本章有一个关于"如何爱自己"的清单，你可以根据自己的情况补充其他内容。好好想一想，你通常如何表达对他人的爱，也以同样的方式爱自己吧！

把"应该"变成"想要"

成年人的生活似乎是由一系列"应该"组成的，很少涉及"想要"的元素。新的一天由"该起床了"开始，然后是"该吃早餐了""该去上班了"，一天结束时是"该睡觉了"。每天、每月、每年的计划通常也建立在"应该"的基础上：

○ 该去商店买食物了。
○ 该熨烫衣物了。
○ 该进行维修了。
○ 该提交报告了。
　……

即使是与休闲娱乐相关的活动，人们也习惯用"应该"来表达，例如，"应该找个时间一起去钓鱼""应该规划一下假期"。

我观察过自己，也留意过周围的人。比起"想要"这个词，大家更多时候说的是"应该"。为什么会这样呢？可能因为在社会中，"应该"这个词更被看重一些。你回忆一下，肯定也有过一些略带轻视和不屑的想法（自言自语）："管我想要干什么呢？""我现在想，一会儿可能就不想了！""想要又不是错！"但心底又会有另一种完全不同的声音："有个词叫作应该！"这样一来，人们就会认为，自己想要一些东西是件丢脸的事情，我们"应该"去考虑责任。因此，在讲话中使用"应该"更为安全。

事实上，在孩子的生活中充满了各种类型的"应该"，这些都是成年人希望孩子做或替孩子做的事情，而孩子本身并不想，一点儿都不想，无论成年人如何劝他，他都不想这样做。这就是为什么会出现"应该"这个词。例如，"该刷牙了""该打针了""该去幼儿园了"。

在成年人，尤其是真正成熟的成年人的生活中，如果深入挖掘，每一个"应该"的背后都有一个"想要"。即使是"该带孩子打针了"，成年人也是因为有意识地"想让孩子康复"。**试着在一天内关注所有以"应该"开头的思维，并寻找其中的"想要"**。这将帮助我们意识到，我们一天中的所有行动几乎都是我们个人的选择。从早到晚，我们都在满足自己的愿望。这简直太棒了，不是吗？

我想起床是因为我想准时上班，我想工作是因为我希望能挣到钱，当然，我也可以选择不起床、不工作，但那样就没有工资；我想吃早餐是因为我需要营养，这对我的健康有益，我希望保持良好的健康状态；下班后我想去商店，因为我想给自己和家人做一顿好吃的。如果用"想要"来重新诠释"应该"，生活将变得更加丰富多彩，更加充满渴望。只是，我们需要经过思考来完成这件事，而不是机械地将一个词替换成另一个词。而新获得的"想要"这个词，一定要能真正满足你的需求。

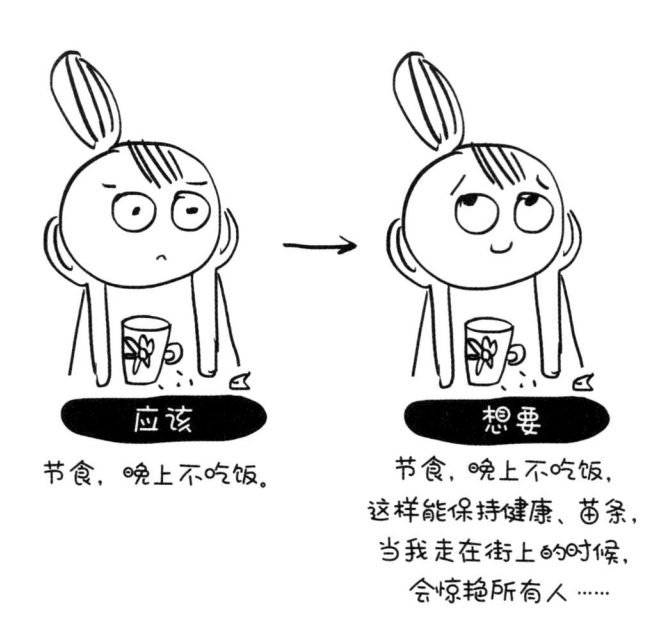

应该
节食，晚上不吃饭。

→

想要
节食，晚上不吃饭，这样能保持健康、苗条，当我走在街上的时候，会惊艳所有人……

如果只是将"应该擦地板"改成"想要擦地板"，可能会引起抗议："我不想擦！"因为没有这个需求。在这种情况下需求是什么呢？是干净整洁。"我想擦地板，我喜欢家里总是干干净净的感觉"，这样的表达听起来更有说服力。可以享受干净的环境，会激励人们付出劳动。

假设你将"该做饭了"的想法改为"想要给丈夫做好吃的",那就太好了!此时,你的个人需求是什么呢?是成为妻子之后所获得的一种安全感吗?还是想表达自己对丈夫的爱和关心,觉得自己被需要和被爱呢?"想表达爱"比"该做饭了"更能激发人的动力。

- "我想参加论文答辩"——为什么?答辩满足了你的什么需求呢?
- "我想减肥"——为什么?需求是什么?
- "我想明天早上早起去跑步"——为什么?需求是什么?

你知道将"应该"替换为"想要"这种做法还有什么好处吗?通过思考真正的需求,可以减少生活中多余的行为。在问自己"这样做,满足了我哪方面的需求"之后,你可以问自己另一个问题:"可以通过其他方式满足这个需求吗?"可能是更愉悦、更轻松,或者更习惯的方式。例如:你可以通过聘请保洁来获得干净的地板带来的愉悦;为了获得同事的认可,也不一定非要通过论文答辩的方式;一边跑步一边思考的习惯,也可以换到晚间进行。

有时候,"应该"并不能满足任何个人的需求。那么,你可以问自己:"我真的需要吗?这个'应该'是我需要的吗?还是我从别人那里听来的?"

例如,对奶奶来说,"应该把孩子送去幼儿园"的想法与她在育儿时期需要出去工作有关。而对你来说没有这个需求,但奶奶仍坚持"应该送去幼儿园"这个老一辈人的想法。你接受了这个想法,把孩子送去幼儿园。然而,这个过程并不顺利,孩子经常生病,说话开始结巴,一到夜里就哭闹。于是,你带孩子去看了心理医生。但不知为何,心理医生说不必把孩子送去幼儿园。

"你是否真的需要送孩子去幼儿园呢?你想要工作吗?"他问道。

"不,我不工作,近期也没有工作的计划。"

"你是需要时间独处,做一些自己想做的事情?"

"不,孩子并不影响我,我可以和他一起做所有的事情。"

"孩子有与同龄人交流的需求吗?他期待与他们一起玩耍吗?他会想念他的朋友吗?"

"不,他不和其他孩子玩,一整天都一个人坐在那儿哭。"

(这并不奇怪。孩子才两岁,与同龄人玩耍的需求在三四岁时才会出现。)

"那你为什么要把他送去幼儿园呢?"

在这种情况下,"应该送去幼儿园"这个想法没有任何必要的理由。你可以轻松放弃这种"需求"。

如果某种需求的背后没有"想要",放弃它,生活会变得更加平静。

"如果这不是我的意愿呢?比如说,是我丈夫的想法。我们要去他的亲戚家,我不想去,但他坚持要去。如果我不去,他就会生气。这样就变成了我不想去,但必须去。"

"如果好好想想,就会发现这里也有'想要'的影子。如果你不去会怎么样？"

"倒也不会怎么样，只是不想让他失望而已。而且和丈夫一起度过周末总比一个人要好些。"

"我在这里发现了两个'想要'：'想要让丈夫高兴'和'想要与丈夫共度周末'。"

"是的，还有一个'想要避免争吵'。"

"最好表达为'想要保持良好的关系'。"

"这两者不是同一回事吗？"

"尽管非常相似，但实质上它们的动机完全不同。"

动机可以分为积极动机和消极动机。

积极动机是对美好事物的追求。

消极动机是为了避免坏事情的发生。

以"想要实现某事"为中心的动机，比"想要逃避某事"的动机更有效。

在减肥中心，第一个任务是让客户明确减肥的动机。要检验自己的动机，没有动机就无法减肥。"我应该减肥"一定要改成"我想要减肥"。

我们常常会听到类似"想摆脱……"的话：

○ 我想摆脱容易气短的毛病。
○ 我想摆脱沉重感。
○ 我想别人不再取笑我，摆脱被嘲笑的状态。
○ 我想不再害怕镜子里的自己。

- 我希望女儿面对我时，不再感到局促不安。

但却很少听到"想要追求……"的动机：

- 我想穿着漂亮的泳衣去海边。
- 我想获得男人的青睐。
- 我想穿着漂亮的服装，欣赏镜中的自己。
- 我想要感受轻松和自信。
- 我想要女儿以我为傲。

那些以美好前景来激励自己的人，所取得的结果往往比那些试图逃避困境的人要好。为什么呢？你可以试着比较两种前进的方式：面向前方，注视着逐渐靠近的光明未来；背对前方，盯着你试图逃避的事物。

请让这个用于替换"应该"的"想要"，与积极的动力相关联。

看见积极的一面

不是流感，但是症状很像。鼻子堵塞，喉咙发痒，头昏脑涨，流眼泪，头痛压迫着太阳穴，唯一能把我从被窝里拉出来的理由就是：我是妈妈，所以必须起床。今天除了我自己，没有人可以代劳。我强迫自己从床上爬起来，去幼儿园接孩子。为了节省时间，我抄近路穿过庭院，这一天太艰难了。雪还没有完全融化，路上还有一些冰。而在慢慢融化的冰带上……不是雪花，而是狗屎、烟蒂和其他垃圾，邻居们"很好地"利用了庭院的空间。即便此时此刻，正值美好的春天，但也没有让人感到丝毫愉快。我感觉很糟糕，一切都让人烦躁。在这种状态下，我只能注意到污垢和狗屎……

我和孩子沿着同一条道路回家。他带着另外一种情绪，观察到了流动的小溪、树枝上萌发的嫩芽，还有阳台上那只毛茸茸的小猫。

"妈妈，玉兰花快开了，对吗？它明天就会开放吗？"

"只希望明天不会再下雪了……"

今天我是一个阴郁的悲观主义者，已经厌倦了漫长的冬天。

"妈妈，看！那是金丝雀！"

"萨沙，小心点儿脚下！别踩到狗屎了！"

即使我感冒了，但我内心的心理学家却依然履行着她的职责，她一边观察一边对我说："你有没有注意到，你把自己对世界的看法传递给了孩子，你看到的是狗屎而不是金丝雀？"我注意到了这点，咬了咬嘴唇，转而看向了金丝雀。幸好，我并不总是处于这种状态，否则孩子很快就会停止欣赏花朵，只会注意到周围的狗屎……

周围环境中蕴含的信息远比我们大脑能处理的要多。因此，我们只能注意到自己看到或听到的很小的一部分。两个人沿着同一条路走，一个人看到的是花朵，而另一个人看到的是垃圾。信息通过每个人独特的感知器进行过滤,这些过滤器通常是"自动调整"的。也就是说,在这个调整的过程中,我们并不是有意识地、目的明确地参与其中。我走在路上,注意到了一些事物,这些事物无疑与我的情绪、思维和兴趣相匹配。

我们站在一个十字路口。旁边有一对父子,他们从同一个幼儿园回来。等待绿灯的时候,父亲站在那里,盯着信号灯看。也许他只看到了红绿灯,也许还能注意到哪些车是改装车。而我盯着孩子的帽子,那顶帽子非常轻薄,不适合这种天气,更准确地说,不适合我。我感到很冷,所以主观上认为周围的人也都很冷。萨沙可能没有注意到男孩子的帽子,他不关心这些。(当然,如果这是一顶带恐龙的帽子,那就不一样了。)他注意到了男孩子手里的玩具,一个蓝色的变形机器人。我想,在等待红绿灯信号的十几个人中,绝对不可能每个人都注意到那个蓝色的变形机器人。但如果前一天每个人都接到一条信息"在城市的大街上,拍摄到抱着蓝色变形机器人的孩子,就会获得珍贵的奖品",那么注意到这个孩子的人数会远远多于现在。也就是说,我们可以有意识地改变我们的感知过滤器。

情绪会影响我们所看到的事物,会调整我们的感知过滤器。反过来亦是如此:我们选择关注的事物,也会影响我们的情绪。**想要改变情绪吗?那就去寻找你喜欢看的东西。** 有意识地选择看那些令人愉快的事物。

"安娜,怎样让情绪变得更加乐观、积极呢?我丈夫整个假期都在埋怨我,他说我的负面情绪影响了他休息。可如果我观察到的事物确实比他多呢？我发现食物里有头发，他对我说：'你为什么总是能发现食物里有头发？我从来没有遇到过！'我回答：'你只是没有注意到它们并吃掉了。'他就一句话都不说了，直到午餐结束。我们进入酒店的房间，他指着窗外：'快看，多么美的海景！'可我却发现毛巾上有块污渍。请问，如果不能把毛巾好好漂洗干净，为什么还要折成小天鹅的样子？床单有点儿不干净，被子像是被烟头烫过，地毯有些磨损，墙上的画挂得有些歪了。我只是说出我看到的事实。然后我丈夫却说：'在你开始说话之前，我对房间里的一切都很满意。'他说话的语气就好像一切都是我的错，是我把房间变成这个样子的。"

我们一起坐在她家的厨房里，我建议她看看周围并去关注一

些令人愉快的事物。她慢慢地环顾了一下厨房：

"你知道吗？我第一眼就看到了没清洗的餐具和窗台上的灰尘。这些从外面吹进来的灰，每天都要清理。"

"这是你的习惯性看法，现在让我们换个积极的角度。"

"瓷砖也该擦一擦了。"

"哎呀，奥莉娅！换个积极的角度！"

"我喜欢我家厨房的橱柜，这是我自己挑选的。只是我有点儿后悔选了亮面的门板，指纹留在上面会很明显。这个榨汁机我也很喜欢，设计时尚。但如果能有其他颜色的选择，那就与室内装潢完全匹配了。"

"奥莉娅，你自己注意到了吗？即使你在说自己喜欢的事物时，也会立刻提到它们的缺点。"

"我没有注意到……但确实……"

你的感知过滤器是如何设定的呢？你首先会关注到什么呢？环顾一下周围，你的目光会停留在什么地方？你的目光所及之处所引发的思绪是积极的还是消极的呢？

你还可以通过相机（手机上的相机也可以）来调整感知过滤器。拿起相机去散步。先设计一条路线，以便回来时还走同样的路。为了顺利进行实验，首先要想象一下：你情绪很低落，仿佛一切都令人烦恼，让人感到恶心和厌恶。你还可以调动自己的身体，因为情绪也会影响到身体。在情绪低落的时候，人们通常会佝偻着身子。你还可以利用面部表情：皱眉，咬牙，紧绷下颌。在这种状态下，观察四周的事物，尽量关注那些令人讨厌的、阴暗的、沉闷的东西并拍照记录，至少拍摄十张照片。当到达设计路线的终点时，转身、深呼吸并感谢自己进行了这个并不轻松的实验。接下来的一切会变得愉快和有趣：挺直腰板儿，微笑着面对全世界，回想着一切美好的事物。然后带着这种愉快和安宁，回到起点，沿途观察并拍摄各种美好的事物。

我知道这个原理很简单，结果也是可以预测的，但我强烈建议你完成这个练习。只是简单地翻看照片和亲眼去看并且感受到现实的差异，完全是两回事。接着再翻看照片，先是看那些令人不快的照片，然后是让人喜悦的照片，但其实它们是同一个地方。

源自未来的能量

有时妈妈会一下子陷入消极的情绪中，尤其是当生活中出现了某种差池，或者事与愿违的时候。"我就没睡过一个安稳觉。""以前无忧无虑的生活，再也回不去了。""我永远都无法在职业生涯中展示自我了。"在妈妈看来，整个生活似乎都变成了一片片尿布，因为"他怎么都学不会用马桶"。过去的一切被压缩成了一个小片段，这愈加凸显出当下的时光无比漫长，令人难以忍受。而关于未来，则似乎完全被遗忘了。

在纸上画一条时间线会帮助你回归现实。先画出一个代表妈妈出生的时间点，再从这里往右画一条很长很长的线——就到了宝宝的出生点。两个点之间有二十四个小单元格，这是妈妈在孩

子出生前的生活岁月。再向右画一格，宝宝晚上就会开始睡得相对安稳；再多一格，宝宝就会要求上厕所；再过半格，他就会住在奶奶家，而获得自由的父母就能够过上"从前无忧无虑的生活"。如果我们把这两三个单元格放在整个生命中来看，就会发现这其实是一段相对较短的时间。时间轴的力量就在于此：它让我们知道，事情不会总像现在这样。知道了这一点，就能很好地支撑我们度过生活中的某些时刻。尤其是告诉你这件事的人，自己已经有过多年养育孩子的经历。

"妈,他什么时候才会睡觉啊?"

凌晨四点,婴儿在床上玩耍,活力十足,还喊你一起玩。说实话,不是每个成年人在凌晨四点钟还能欣喜地面对生活,除了慈爱的奶奶或外婆。

"别急,亲爱的,再等一会儿他就睡着了。你知道他会睡得多香吗?叫都叫不醒!尤其是你想送他去幼儿园的时候。"

在"天哪!他什么时候才能睡觉啊?凌晨四点起床是正常的吗?"和"天哪!他什么时候才会醒?睡到下午一点是正常的吗?"之间,只需要十三年的时间而已。

在经历了连续五个失眠的夜晚之后,母亲感觉好像"这辈子都无法入睡了"。但如果将这些失眠的夜晚放在时间轴上来看,即使占据了七十个小格(平均寿命)中的十三个,那也只是一个相对较短的片段。

当在现实中难以找到力量源泉时,可以将目光转向时间轴。从当前的点向右边看——未来会发生什么让人高兴的事呢?

- 再等等,夏天就要到了。
- 再等等,我们就可以去度假了。
- 再等等,就可以把儿子送去幼儿园了,每天我会有起码三小时的时间属于自己。
- 再过半年,就可以定期去健身房了。
- 再等等,等天气变暖了,我就把窗户擦干净,给自己在阳台上收拾一个休息角，一边喝茶，一边看日落。
- 再过一年，我就可以回到工作岗位了。
- 再背着包走五公里，就可以休息了，还能配着点心喝上热咖啡。

每个人的生活中都会有一些可以给生活带来欢乐的事情。如果没有的话，一定要去计划和安排。能量的来源不仅在于假期本身，还在于计划和期待的过程。

学会从现在看向未来是一种能力，同样，可以从未来看向现在也是一种能力。**用未来的视角看待问题，会有助于改变当下的状态。**为了做到这一点，可以问自己一个简单的问题："**现在发生的事情真的值得如此激动吗？半个世纪，哪怕一年之后，我还会记得吗？**"你甚至可以在显眼的地方贴上一张老太太的照片，你希望自己老了之后就是这个样子。例如，一个自信满满的老太太微笑着俯视众生，她已经有了如此多的人生智慧，可以俯视一切，许多事情在她看来都是微不足道的，不值得为此激动。

一岁的孩子因为我不让他吃猫碗里的食物而发脾气，这已经是今天的第五次了。我精疲力竭，精神也接近崩溃，想躺在地上大声尖叫，发泄一下愤怒和无助。或者同意他吃一点儿，赢得几分钟的岁月静好？冰箱上贴着一张照片，是一位银发斑斑的女士，她涂着鲜艳的指甲油，微笑着看着我。一年后我还会记得这件事吗？大概不会吧……待到他成年，我们庆祝他的成年礼时，我才会回忆起这些。到那时，我会把一切都告诉他——吃猫粮、在沙发上到处画画、在门口的水坑里洗澡……

那将是我闪耀的时刻。我回忆着这一切，而他会尴尬地望着他的女朋友，低声对我说："妈，别说了！"

源自当下的能量

好的，我们解决了未来的问题。现在让我们来寻找当下的能量，让我们拥有更多美好的和多样化的资源吧！

快乐是一种非常重要的资源，它应该每天都存在。没有快乐，我们就会陷入消极的情绪中，生活不再让人愉悦，周围的人也变得讨厌……

不是生活中没有乐趣，是我们不知道如何从拥有的事物中获得乐趣。社交媒体上充满了在当下寻找快乐的励志图片和语句："要想过得愉快，就要活在当下并享受快乐。"只是这样的信息并没有回答"怎么做"的问题，我们想要一个简单实用的指南。你想要吗？那么，请容我分享一个秘诀。

获得快乐与其说是环境因素的结果，不如说是一种技巧，而技巧可以通过长时间的训练来培养。让我们从今天开始学会欣赏日常生活中的平凡事物。通过仔细观察、倾听和全身心地融入周围的环境，我们将获得愉悦感。

此刻，我可以享受到窗外小鸟的啁啾声、膝上猫咪的呼噜声、烤苹果和肉桂散发的香味（我去厨房关火时闻到的）；我可以欣赏桌子上绽放的万寿菊；我还能坐在电脑前工作。

不必特意拿出时间来感受快乐，可以和其他事情同时进行。例如，在清洁马桶的过程中也可以感受快乐，我是认真的。在唱歌的过程中感受自己声音的韵律，或者可以感受一下打扫前后干净程度的明显对比。

现在，环顾四周，找到你最喜欢看的东西，慢慢欣赏，感受快乐。然后再去寻找香味，你可以走到香水架前，走到冰箱前（如果你并没有减肥的计划），或者走到调料瓶旁，找到你最喜欢的气味。当你感到饥饿时，不要狼吞虎咽，而是慢慢地、有滋有味地品尝口中的食物。用舌头轻轻卷动一小块食物，去体会舌头的不同部位对味觉的感知差异，好好享受这个过程。接下来，再去触摸周围的事物：光滑的、柔软的、粗糙的、凹凸不平的、冰冷的、温暖的、扎人的……这个练习非常适合在散步时进行。你知道吗？不同的雪，摸起来的感觉是不同的，有的很绵软，有的却会有刺痛的感觉。每种树皮的触感也不同。让沙子从指间滑过，并享受这个过程带来的乐趣。你最喜欢触摸什么呢？还有声音，你知道吗？每个物体都有属于自己的声音。可以与孩子一起玩一个有趣的益智游戏：在家里随便找个东西用来演奏音乐。可以敲击桌子和其他家具，声音会有所不同。可以试试在餐具上弹奏，用指甲小心地敲打杯子的边缘，将柔和的旋律作为背景音乐，随着节拍一起演奏。我相信，这样的即兴演奏，你和孩子都会喜欢。

所有这些练习都有一个共同的目标：教会我们从当下获得快乐。为了让获取快乐成为一种能力，我们需要定期练习，每天都要练习几次。如果想认真培养这个技能，可以在一天中的任意一个时间设置一个闹钟，当闹铃响起时，意味着"时间到了"，立即去寻找让眼睛舒适、让听觉愉悦、让身体感到放松的事物（令人舒适的温暖，凉爽的微风，或用树叶轻轻掠过脸颊，抚摸领子上舒适的皮毛），以及让精神也同样感到愉悦的事物。

很快，你会发现，快乐并不需要特定的条件。如果我们懂得享受快乐，就更容易保持情绪上的稳定。当你习惯在当下寻找快乐时（先是通过闹钟提醒，如果你定期进行练习，可以不需要闹钟），试着在情绪烦躁的时候做同样的事情：深呼吸，四处寻找让你愉悦的事物，比如一幅漂亮的画、香气扑鼻的咖啡、摸起来手感不错的桌面——冰凉而光滑，还有令人愉悦的背景音乐——哦，生活多么美妙！不再想和任何人较劲了。还是从自己身上寻找快乐吧：漂亮的指甲、迷人的香气、手背上柔软而光滑的皮肤——生活无论在哪里都是美好的，因为有我。

源自过去的能量

寻找曾经的能量也是个不错的办法。毕竟，过去总会有一些让人感到快乐和充满活力的东西。它们曾经给我们带来了欢愉，但不知何故却离开了我们的生活，或许我们可以将它们找回来。即使不完全相同，至少也可以变换一下形式，来适应新的生活。

"以前上学的时候，我喜欢打篮球。"家中有多个孩子的母亲如何实现打篮球的心愿呢？——买个篮球，和孩子们一起去运动场。

"我小时候很喜欢画画。但自从我从美术学校毕业后，就再也没有碰过颜料。"如果喜欢画画的话，为什么不去尝试呢？

喜欢做的事情总是能给人带来能量。 买些颜料，自己在家画。如果你觉得用颜料麻烦，也可以不用。可能会有这种情况：一摊开颜料，就有突发事件需要妈妈紧急处理。比如，孩子想尝尝颜料的味道，或者想用颜料在沙发上涂鸦。好吧，那就高兴地说"欢迎来进行创意实验"，然后买些水彩笔、蜡笔或粉笔来替代颜料，甚至可以用彩色凝胶笔来画草图。

"在生孩子之前，我喜欢编织。但现在没有时间，我尝试过。有时候，我会突然冒出一个想法，想编织一件夏款的镂空沙滩裙，然后开始织……但是很难有时间织完。等我织完背面时，一整年已经过去了，我的热情也消退了，不再喜欢那件裙子。最糟糕的是，我还胖了两个尺码。我想，等我织好了，可能也穿不进去，也不会穿了。于是我放弃了，再也不织了。"那么其实可以不织裙子，织一些小物件，这样就会很快完成，并且同样令人开心。编织一些小玩具、枕头上的小装饰、舒适的彩色拖鞋，还有可爱的手机袋，然后送给朋友们。

还有一种情况——只是为了编织而编织，也就是享受这个过程。在一次研讨会上，我看到一个女人在织毛衣。她一边听着发言，一边织着。大家围着她问："你在织什么？"她说："就是随便织点儿东西，我喜欢编织，这让我感到快乐，所以就一直织。"为了证明自己不是开玩笑，她把之前织好的部分都拆散了，周围的人发出阵阵赞叹声。她很满意这个效果，微笑着从针脚那里重新开始编织。

"你可以把它织成一条围巾。"一位女士说道。她觉得，只是随便织织太不实用了。

"为什么要织围巾呢？我不会戴这样的围巾。我本来就不喜欢戴手工编织的东西，我只是喜欢编织而已。"

"可以帮别人织呀……"

"可以。但我不愿意去思考诸如给谁织或织什么的问题。我就只是单纯地想织东西。"

"如果你喜欢织东西，可以发个广告：私人编织定制。"

"我不愿意定制编织。现在我可以从编织的过程中获得快乐，但当你为别人编织时，注意力就会转移到结果上。我会担心能不能按时完成，客户喜不喜欢，尺寸是否合适，客户是否按时付款，是否需要预付款（如果需要，那要付多少）。这样我就完全没有乐趣可言了。"

"但这样会有收入，而不是单纯地编了拆、拆了编。"更看重实用性的女士提出了一个重要的观点。她能把一切都引到经济收入方面。

"我在主业中赚得足够多，不需要把爱好变成另一份工作。"

"可以不为了钱而做，把它当作一项慈善活动。可以为孤儿院的孩子们编织袜子和手套。"

这位编织爱好者停顿了一下，然后颇具戏剧性地从编织针上取下这件还没完成的作品，迅速地拆开，并把线缠成一个线团。她感激地说道：

"谢谢你！你知道吗？我刚刚意识到，我真正喜欢的是把织好的东西拆开，我编织就是为了织好之后可以把它拆开。"

聊天对象立刻离开了。也许是因为她觉得"编织是为了拆开"这个理由与"我织东西就是为了享受过程"这个理由相比，还有那么一点儿意义，或者她怀疑这个拿着线团的女人患有强迫症（一种表现为有强迫行为的心理障碍）。

我觉得，许多人身上，或多或少都有那位女士的影子。可以回忆一下，你是否会因为某个兴趣爱好完全没有实用性而放弃它呢？如果这种情况很少发生，那没什么可担心的。但是如果你为了某些实用性而经常放弃自己的兴趣爱好，那可能会导致神经紊乱。嗯，或者不是神经紊乱，而是失去自我。（说实话，我不知道哪个会更糟糕。）为了更形象一些，我举个例子。

有一位女士，她非常喜欢在泡澡时加上芳香的精油和蓬松的泡沫。她喜欢把浴室顶部的灯关掉，只留下柔和的、闪烁的烛光，

氛围感满满。躺下，思考，冥想——这是她的常规仪式，是爱自己的一种表达方式。

有一天，一个非常现实的男人进入了她的生活，并很快就搬进了她家，因为要经常从城市的另一端来看望她，太不切实际了。

这位现实的男士算了一下，她每次泡澡会用多少升水。他说，这很不划算，点蜡烛也很浪费，泡沫浴和香氛精油也是不必要的奢侈品，不需要在浴缸里待那么长时间，因为这浪费了很多时间，本可以用这些时间做很多有用的事情，而不是只躺在那里泡着。

应该快速冲个澡——既节省了时间，又节省了水和钱。

当女人站在淋浴下，想象着那是温暖的热带雨，可以冲走一天中所有的忧愁和悲伤时，现实的男人敲了敲门："你擦洗身体的时候，关掉水龙头，不要浪费水。"于是，女人停止了对热带雨的想象。她也停止了微笑，不再爱开玩笑，生活也失去了轻松和愉快。她不再是她自己了。男人说："我不喜欢你这个样子。"然后离开了她。起初，女人想要哭泣（或者已经流泪了，我不太记得了），但是随即她想起现在可以光明正大地泡澡了，就改变主意不想哭了。她又拥有了曾经拥有的东西，生活中的快乐、轻松和幽默感也一起回来了，然后她身边又出现了一个男人（只不过是另一个不那么现实的男人）。

平静练习的传承

我们的祖母、曾祖母和高祖母在生活中也经历过各种压力，但她们总能以某种方式调整和恢复自己的心理状态。她们有自己的心理疗法：重复性的行为能够安抚情绪。坐下来绣花，或是纺纱、唱歌。独自走进森林漫步。去劈柴，提前把几个月的柴火都准备好，通过这个过程释放内心的积怨。这些方法可能会在潜意识层面被继承下来。人们会进行某些完全无理性的行为，但这些行为能够使他们感到安心和平静。

这个女人烤了一大堆土豆饼。"你为什么做这么多啊？家里没人吃！三个女儿都在节食！"但这位女士有做土豆饼的需求。这是她安抚自己的方式。她的妈妈也是这样做的。

这个女人喜欢唱歌。"妈妈，别唱了，你的嗓音不好听，还跑调！"但她有唱歌的需求。因此，她关上浴室的门，打开水龙头唱歌……这是她安抚自己的方式。她唱着小时候从母亲那里听到的歌曲，当时她坐在浴室里的一个大铝盆里，妈妈一边唱歌，一边用海绵给她擦洗身体。

这个女人喜欢健身，她兴致勃勃地击打沙袋。她有这个需求。她的祖母通过劈柴来安抚自己……但在大城市很难找到柴火，所以这个女人就打沙袋。

这个女人喜欢织袜子，但没有人会穿。家里没人需要保暖的羊毛袜子。大家都有棉拖鞋，家里还有地暖。但这位女士有织袜子的需求。她的母亲和祖母也是这样做的，这是她安抚自己的方式。

这个女人喜欢采蘑菇。她采了一篮子的牛肝菌、黄蘑菇和鸡腿菇。然后她把蘑菇都送给了邻居。邻居当然很高兴,但又不理解:"为什么呢?在森林里忙碌了四个多小时,又要被蚊子叮咬,还有讨厌的苍蝇,然后把所有的蘑菇都送给别人。"对这位女士而言,蘑菇没有任何价值,她不喜欢洗蘑菇,也不喜欢吃。她就是喜欢采蘑菇,这是她自我安抚的方式。

这个女人喜欢种土豆。她已经八十岁了。岁月流逝,体力大不如从前……对她来说,刨地变得很艰难。她有三个做生意的儿子。每年春天,他们都要开始一场名为"找时间种菜"的活动。他们会聚集在老宅子的小菜园里比赛。不,他们并不比谁能更快地挖好一块菜地——因为他们自己的年龄也不小了,身体也不那么健硕了——而是去比较,谁会为了满足妈妈种菜的愿望而取消一次更重要的出差,每个人的工作时间值多少钱,用这些钱可以买到多少公斤优质的土豆。他们没有种土豆的客观需求。但他们的母亲有一种舒缓情绪的习惯——种植土豆,而且一定要亲力亲为,不能请雇工。整个夏天,她都会在绿油油的田间溜达,捉虫子。儿子们早就不再争论了,因为他们明白:种土豆的主要价值在于让母亲的乡间生活更有意义,这样母亲会更加安心。顺便说一句,有一天儿子们也发现,这些在大自然中温暖的相聚(不是通过视频通话和电话)和简单的共同劳动,也让他们获取了能量,变得更加平静和淡定。

你们有从长辈那里继承过一些舒缓情绪的方法吗?

幽默可以拯救我们

幽默是帮助我们在压力状态下保持冷静的关键。在复杂的谈判中，建议开玩笑以缓解紧张的气氛。如果能让对方开怀一笑，冲突就会消除。高手的最高境界是能够逗乐自己。

有时候，可以轻松地将状况由"可怕"转变为"有趣"。

为了实现这个目标，我总是随身携带相机。地板上，有两公斤面粉撒了一地，很有趣。在"可爱小孩子"相册中有一张新照片，很酷。孩子打开了一瓶修正液，不小心喷到了自己的脸上，这是一个有趣的话题，可以笑着向朋友描述老师的反应。（因为修正液是洗不掉的，一点儿办法都没有。）

我有个朋友，是三个孩子的妈妈，她喜欢在社交媒体上发布一些有关孩子们的趣事。每一个新的生活片段不再是压力的来源，而是灵感的源泉。"顶级厨师尼基托斯的食谱。床上的三明治。趁没人发现，他偷偷从厨房拿了一碗粥到卧室，若有所思地把粥涂在床单上。"这篇帖子收到了很多点赞和评论，而对妈妈来说，这是一种情感上的抚慰。这已经成了她的习惯，你知道这样的习惯是如何形成的吗？当遇到一些事情时，脑海中会自动组合出新的文字。"我看见仙人掌掉进了鱼缸里，脑中开始为这种混乱的情景寻找艺术性的隐喻，我思考着如何更有趣地把这件事记录下来。此时，注意力被转移到创作上，而不是愤怒，我不再生气。"

有幽默感的夫妻很少吵架。"我真想揍他一顿。他居然把他的鞋子放在我新买的白色运动鞋上面。我问他：'你是故意的吗？'

（虽然我知道，他肯定不是故意的，只是没有看清楚位置。）我非常愤怒。而他却平静地回答道：'当然。我是一个有支配欲望的雄性，我喜欢处于上风。嘿，如果今天你想与众不同一些，那我允许你处于上风。'然后他把我的运动鞋放在他的鞋子上面。他退后一步，一边欣赏，一边用戏剧评论家的语气说道：'独特、新鲜，但不粗鲁。'看着这个场景，我忍不住笑了，也不想去揍他了。"

有些人经常会提一些非建设性的批评意见，但我们又不能简单粗暴地结束和他们的交流。此时，幽默可以帮助我们轻松应对，甚至还可以写一些有关责备的讽刺故事，这真的很有帮助。我认识的一个朋友总是受到婆婆的批评。一开始她非常担心，想要讨好婆婆。但后来她学会了幽默，很轻松地就将婆婆的指责变成了一个笑话。

"汤是饮食的基础！以后每次我来的时候，都要做点儿汤！"

过了一段时间：

"你为什么只给我们做汤喝？至少学着做点儿别的东西吃吧。"

* * *

"我给你们的孩子买了那么多衣服，你们至少给他穿一次啊！"

下一次，妈妈给孩子穿上了所有收到的衣服，以取悦婆婆。

"哎呀，你们就不能给孩子买件衣服吗？他身上穿的衣服都是我买的！"

* * *

"邻居的儿子送给他妈妈一束漂亮的花,真是长大了,知道感恩了!"

到下一个节日,我们也买了一大束花。

"你们是有钱不知道应该花在哪里吗?为什么买这么一个不实用的礼物?几天后就都枯萎了!"

如果认真对待这些话,可能就会陷入强烈的被伤害和被否定的情绪中,或者引发矛盾。从人际关系和心理的角度来看,开玩笑是更好的选择。不要争吵,也不要保持沉默。(如果已经对此类言论产生了免疫力并且它们也不会让你生气,那么可以保持沉默。但如果内心充满了愤慨,那么最好表达出来,而且最好是以开玩笑的方式表达,这样对大家都好。)

"学着做点儿其他的菜吧!"

"当然,我会努力的。你不介意,我在你来之前,先问问你想吃什么吧?"

* * *

"哎呀,你们就不能自己给孩子买些衣服吗?他身上穿的衣服都是我买的!"

"我们只是非常信任您的品位。"

* * *

"为什么送这么不实用的礼物呢？过几天，花就枯萎了！"

"重要的是让那位女邻居注意到这些花。这样，花就会在她的记忆中更持久、更鲜亮。"

选择一个有压力的情境。可以是一个事件、一次冲突性对话、一个不愉快的评论，或者是某人的批评。试着把这些不愉快幽默化，自我嘲讽一下，对发生的事情也一笑置之。你会收获什么呢？一张有趣的照片？一幅漫画？一篇短小的幽默故事？一则讽刺寓言？还是一句搞笑的台词？请回想一下与此相关的笑话吧。

身体的放松练习

在妈妈的日常生活中，不管她是上班，还是休产假，还是照顾孩子，其身体和精神都处于长时间超负荷的状态。如果再有慢性的睡眠障碍……

情绪紧张会导致肌肉紧张，反之亦然：当肌肉紧张时，我们无法真正休息，精神也不会放松。在经历持续的压力时，我们的肌肉甚至在睡眠时也保持紧张的状态。所以妈妈醒来时会感到疲倦。

为了缓解肌肉紧张的状态，可以跳一些"野性"的舞蹈，尤其是在民族乐器的伴奏下。例如，非洲鼓。随便哪一种乐曲，只要符合两个条件：一是方便摇摆，二是你喜欢。播放你选择的音乐，然后开始摇摆！（不是跳舞哟！）充满活力的摇摆有助于释放负能量，缓解肌肉僵硬的状态，使身体和心理状态达到和谐统一。许多民族舞蹈中都包含了摇摆的元素，这绝不是偶然的。在舞蹈运动疗法和动态冥想中都可以发现"摇摆"的痕迹。

摇摆时闭上眼睛可以达到最佳效果——这样可以减少意识对身体的控制，更好地感受身体的需求。一定要摆脱刻板的、习惯性的舞蹈动作，因为它们对解决慢性紧张问题没有任何效果。感受身体的暗示，摸索新的动作。所有身体部位都动起来：手、脚、肩膀、颈部、头部、胸部、胯部。倾听身体的召唤，选择令人舒服的动作幅度，从大幅度的剧烈运动到微小的抖动。如果在某个瞬间，你想在地板上翻滚或者呐喊——那一定要去做。在舞蹈中随着音乐声喊叫总比不跳舞时对着亲人喊要好些吧。练习时间为十五到二十分钟。如果有意愿，可以延长时间。十五分钟的"摇摆"可以更有效地缓解压力，比一小时的健身房锻炼或舞蹈课程更有效，尤其是对舞蹈新手来说。在这个简单的练习中，没有社交展示和评价，没有因希望符合展示结果而产生的心理紧张。有的只是你和你的身体之间的和谐接触。

抽出二十分钟的时间，将一整天的负面情绪和紧张压力都尽情"摇摆"出来。此时此刻，不要让亲密的人打扰到你。最好让他们一起参与进来，因为摆脱掉肌肉的紧张对他们也是有益的。在我的孩子还很小的时候，他们非常喜欢这种练习。我们会定期播放经过现代改编的北极民族音乐，一起在屋子里摇摆。萨沙那时候太小了，还不会跳，他只是看着妈妈笑个不停。这种积极乐观的氛围让整个公寓里充满了更多的快乐与正能量。

这种练习有一个缺点：并不总是有适合的条件。如果你是在公共场所感到压力，或者正在照顾睡觉中的孩子，需要保持安静，那么你可以尝试不配大声的音乐，目标就是放松。通过放松身体，我们的情绪也可以松弛下来。让身体放松的方法有点儿奇怪，我们需要先让它紧张起来，可以同时让所有肌肉都紧张，也可以让不同的肌肉群依次紧张，还可以局部地选择一组特定的肌肉群，专注地感受那里的紧张感。唯一重要的是，让肌肉有足够长的时间和足够强的力度保持紧张的状态，至少要十秒钟，上不设限，尽可能地坚持下去。

这是如何运作的呢？有一块肌肉处于紧张的状态，但这种紧张感没有那么强烈，并不足以使你立即感到疲惫不堪，但它确实令人感到不适。该状态持续了很长时间，这被称为"慢性紧张"。通过上面这个练习，你加强了肌肉的紧张程度，将其推向极限。到了某个时刻，肌肉会反抗："我再也受不了了！"然后突然放松下来，而你会有一种如释重负的喜悦，曾经紧张的肌肉区域也蔓延着愉快的温暖和轻微的刺痛感。

如果定期进行这个练习，身体能学会自己扫描压力并减轻它。

在愤怒爆发的瞬间，当你迫切地想要打击或用愤怒的言辞压制别人时，请紧握拳头、收紧肩膀和前臂的肌肉，同时收紧胸部、颈部和脸部的肌肉，尽可能用力收紧并保持二十秒钟。然后迅速松弛，感受自己身体的变化。此后，就不再想要冲动行动了。在这之后，就不再想着发泄愤怒了。

"深呼吸"是一个常见且半开玩笑的建议，从身体定向疗法的角度来看，它具有一定的理论依据。在情绪激动的时候，身体可能会僵硬、紧张，呼吸暂时停止，而停止呼吸会加剧紧张感。通过调整呼吸，情绪状态也会恢复正常。

试着把你紧张的情绪"呼出去"。当你被负面情绪包围时，给它起一个名字，想象一下它是什么样子的。它可以是一团能量或一朵云。你的情绪是什么颜色呢？又是什么形状呢？它在身体的哪个部位呢？做几次深呼吸，想象着，伴随着呼气的动作，情绪离开了你的身体。

拥抱对于预防情绪低落和增强生活持久力是非常有益的，家庭治疗师弗吉尼娅·萨蒂尔也提到过。她甚至说到了具体的数字，我们每天需要四次拥抱来维持生存，八次拥抱来维持健康和良好的状态，用十二次拥抱来促进个人成长、浸润自尊心。

我没有理由不相信她。当然，可以找到关于这个事实的科学解释。涉及感受器、神经冲动和内啡肽之类的东西……但即使没有科学依据，我依然相信她。因为我的身体感受到了这种需求，尤其是当我感到疲倦、生病或遇到不愉快的事情时。每天四次拥抱是最低限度，低于这个限度对生命是有害无益的。一定要像刷牙一样，醒来时拥抱，出门前拥抱，回家时拥抱，睡前也拥抱。

多多拥抱吧。愿你幸福！

摇摆吧！ 紧绷起来！

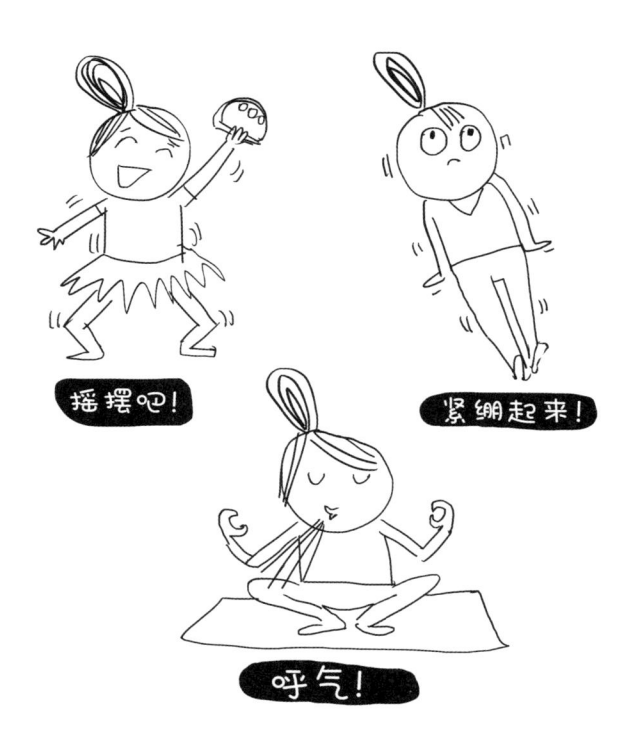

呼气！

结　语
改变需要时间

光是读几本书还不足以改变我们习以为常的情绪反应，即使读十本也不够。因为我们需要培养新的行为习惯，而这需要长期的实践。

不要因为"又失败了"而感到沮丧或自责。放弃所谓"三天内彻底改变"的想法吧，因为这是不现实的。将注意力放在小小的胜利上，关注到它们，并为此感到快乐。如果你能够改变自己的思维方式，不再在原本会让你大发脾气的场合失控，那请表扬自己——这比昨天要好，而明天将会更好。我们在哪里投入了精力，就会在哪方面得到成长。长期而有规律的专注练习会产生效果。

不要对自己许下"永远不再生气，不再感到伤心或嫉妒"的承诺。请现实一些，生活中总会有引发愤怒或伤害的事情发生，但是你可以通过改变自己的认知来减少这样的事情发生。如果你能够从他人的角度看待事物，并能够平静地接受以前可能会觉得受伤的事实，那就表扬一下自己。

成功不在于停止生气或悲伤，而在于能够降低它们发生的频率、减少它们持续的时间，能够不那么激烈地来表达这些情绪。如果以前你的愤怒会持续大约十五分钟，而现在你只是发出了一声咆哮，就能意识到当下的状况，然后进行"紧张—放松"的练习，并迅速深呼吸，那就表扬一下自己。

改变需要时间。

不要急于全力使用书中提供的技巧，以求立即取得成功，这可能会导致紧张和疲劳。你可能会想要放弃，并蔑视自己。也不需要顶着压力冲刺，让它成为一次悠闲而愉快的漫步吧！

如果你现在只有精力去搜索漂亮的图片和风景，搜索能让你的听觉和嗅觉感到愉悦的事物，那就这样做吧！不断磨炼自己的技巧，直到在任何时刻都能够抓住愉悦的感觉，这已经是一个明显的成果了。

第一周：你可以简单地观察自己的感受。

问问自己："我现在感觉如何？"

努力找出让你烦躁的真正原因。

向亲密的人倾诉你的感受。

记住情绪传染的现象。时刻提醒自己，别人有权拥有自己的情绪，但你不必跟随他们。

就像刷牙一样定期进行身体练习，来释放压力。让它成为一个有利于健康的习惯。

第二周：专注于你的期望和信念。

也许是时候重新审视一下期望，并在评估外部事件时变得更加灵活了。

也许是时候改变一些不再符合现实的信念了。

放弃追求完美，让"变得足够好"成为目标。

允许自己和他人犯错，不要沉溺于内疚。每个人都可能犯错，不需要内疚，只需为此负责任。"我可以做些什么？我该如何纠正错误？"答案是：责任需要行动来承担。自责是一种让人感到不愉快的情绪，会消耗能量，妨碍理性思考和积极行动。

第三周：锻炼自己将任何事实都视为是中立的。

用另一个人的眼光，从另一个角度，"坐在其他的椅子上"看待问题。在发生争吵、矛盾和利益冲突时，努力了解他人的真正需求。注意你的表达方式，更多地使用"我"来表达。当然，还要避免下定论。

第四周：专注于家庭，将它变成一个能量的源泉。

四处看看，注意每个物品，问问自己："这个物品可以带给我能量还是消耗我的能量？"去除多余的东西，让你的周围多一些令你快乐的事物。

第五周：养成"爱自己"的好习惯。

这意味着为自己做一些你平时对所爱之人经常做的事情。告诉亲人，他们应该如何爱你，对你来说什么重要，你想要什么。也许他们真心想让你过得好，只是不知道该如何做。

在每一天中寻找快乐，从将来和过去寻找能量。关注自己的健康，养成计划休息的习惯——计划每天的休息时间、每周工作结束后的休息时间、定期休假。

保护自己。请记住，你有拒绝的权利。如果交流没有带来快乐，那么不一定要同意。用"想要"代替所有的"应该"。

第六周：幽默周。

尝试从一切事物中看到有趣的一面。玩"那又怎样……"的游戏，看一些家庭喜剧电影，阅读主题笑话合集，和自己开个玩笑，拍摄孩子恶作剧的有趣照片或视频，甚至可以写一篇幽默日记（以幽默的方式记录过去一天的冒险）。在孩子面前保持严肃是很困难的，幽默能拯救父母和孩子。优秀的父母具有让孩子开心的能力。一件事如果变得有趣，那就不再可怕；如果觉得好笑，就不会再感到伤心。

第七周：请偶尔放慢自己的脚步。

不要匆忙，不要催促你的孩子。观察他们，欣赏他们，发现他们新的个性正在形成。

为你的孩子想出一些安抚的仪式和支持性的动作。可以通过一种对周围人来说不明显的姿势告诉孩子，你站在他这一边，为他感到自豪，并深深爱着他。

尽量减少批评，因为它不会让交流变得更加顺畅。尽量确保在交流的时候，采用积极的沟通方式，而不是消极的。试着从孩子的行为中发现积极的意图。

这些时间安排的顺序并不是绝对的。你可以根据自己的意愿重新安排它们，根据自己的感觉重新排列每一周的练习——什么对你更好，什么更适合你，什么对你更重要。

在第七周结束之后，你可以再次回到第一周，进行第二轮的练习，来巩固成果。你甚至可能会注意到，它们执行起来变得更容易了。你已经学会了很多，生活因此变得更加愉快。请为所发生的变化感到高兴，夸一夸自己！

还有一点很重要。我想提醒大家：所有的变化都应该从对自己无条件的爱开始。"我爱自己，无论如何。"在这种状态下，改变自己会更加容易，你会变得更好。要像慈爱的父母一样，夸奖自己，支持自己；不要因为失误或犯错而批评、责备自己。在某些绝望的时刻，如果发生了这种情况，并且似乎一切都不顺利时，请对自己说："没关系，这只是暂时的情况。再坚持一下就会好起来。"

好妈妈平心静气术

作者 _ [俄罗斯] 安娜·贝科娃   译者 _ 马琳

产品经理 _ 张晓意   装帧设计 _ 李琳依   产品总监 _ 陈亮
技术编辑 _ 丁占旭   责任印制 _ 刘淼   策划人 _ 曹俊然

果麦
www.guomai.cn

以 微 小 的 力 量 推 动 文 明

著作权合同登记号：06-2024 年第 87 号

图书在版编目（CIP）数据

好妈妈平心静气术 /（俄罗斯）安娜·贝科娃著；马琳译. -- 沈阳：万卷出版有限责任公司，2024.10.
ISBN 978-7-5470-6580-8

Ⅰ．G78

中国国家版本馆 CIP 数据核字第 2024M27X51 号

Copyright©2017, Anna Bykova, text
Copyright©2017, Katyazzzmama, artwork
Copyright©2017, Alexandra Dikaia, cover artwork
First published by Eksmo Publishing House in 2017.The simplified Chinese translation rights arranged through Rightol Media（本书中文简体版权经由锐拓传媒取得 Email:copyright©rightol.com）

出 品 人：王维良
出版发行：北方联合出版传媒（集团）股份有限公司
　　　　　万卷出版有限责任公司
　　　　　（地址：沈阳市和平区十一纬路 29 号　邮编：110003）
印 刷 者：北京盛通印刷股份有限公司
经 销 者：全国新华书店
幅面尺寸：140mm×200mm
字　　数：200 千字
印　　张：7.5
出版时间：2024 年 10 月第 1 版
印刷时间：2024 年 10 月第 1 次印刷
责任编辑：姜佶睿
责任校对：张　莹
装帧设计：李琳依
ISBN 978-7-5470-6580-8
定　　价：39.80 元
联系电话：024-23284090
传　　真：024-23284448

常年法律顾问：王　伟　版权所有　侵权必究　举报电话：024-23284090
如有印装质量问题，请与印刷厂联系。联系电话：021-64386496